寰宇智慧投資
371

金融怪傑（上）

MARKET WIZARDS

Jack d. Schwager 著
俞濟群／王永健 譯

寰宇出版股份有限公司

2019.01.05

在你學會飛之前，得先學會耐摔。

—— ***Paul Simon***

一個人的上限，很可能是另一個人的下限。

—— ***Paul Simon***

如果我想成為流浪漢，我就會向我所能找到最成功的流浪漢尋求資訊與建議。如果我想成為失敗者，我就會向從未成功者尋求建議。如果我想在一切事情上成功，我就會環顧我四周成功的人，並依照他們的方式行事。

—— ***Joseph Marshall Wade***

（摘錄自 Havry D. Schultz 和 Samson Coslow 合輯之 Treasury of Wall Street Wisdom）

目錄 CONTENTS ｜上冊｜

序

本書有許多令人嘆為觀止的故事：

- 有一名交易者在操作生涯初期屢次被擊垮，但後來把三萬美元變成了八千萬美元。
- 有一名基金經理人做到了許多人難以置信的事——連續五年投資報酬率達到三位數。
- 有一名來自美國小鎮的交易者，白手起家，最後成為全世界最大的債券交易者之一。
- 有一名曾當過證券分析師的理財高手，憑著主攻股價指數期貨，七年來每月的平均投資報酬率為百分之二十五，相當於每年投資報酬率超過百分之一千四百。
- 一名麻省理工學院電機系畢業生，靠著電腦程式操作指示，十六年來的投資報酬率竟高達兩千五百倍。

上述這些例子，只不過是本書所訪問諸多理財高手中的若干故事而已，本書訪問的交易者各有其法，成就斐然。

這些交易者如何超凡出眾？大部分人認為，在市場上旗開得勝，一定有不傳之秘，但真相是：如果說我所訪問的這些交易者有什麼共同特質的話，他們的態度顯然比招式來得重要。有些交易者只用基本分析，有些只看技術分析，有些短線進出，有些長期持有。雖然他們的交易方法不一而足，差異很大，但我的心得是，他們的交易態度與原則都有共通性，這一點很重要。

如果想要成功，交易是最後的機會之一，它能使一個人在資金相當少的情況下，晉升為百萬富豪；當然，只有少數人（就像本書所訪問的這些人）功成名就，但至少機會是存在的。

我不奢盼本書的讀者都能成為超級交易者——世界上本來就沒有這麼便宜的事，但我相信這些訪問能刺激思考，協助大多數態度認真、心胸開朗的讀者改進交易的表現，也許有人會因此而成為超級交易者。

——***Jack D. Schwager***

Goldens Bridge, NY

一九八九年五月

謝詞

首先，我要感謝 Stephen Chronowitz 花費極大心力與時間，詳細審閱本書的每一章節，提出許多寶貴的建議。我相信本書如果稱得上有什麼優點的話，很多地方都有他的功勞。

我也感謝內人 Jo Ann，不僅忍受當了九個月的「寡婦」，而且她還是一位難能可貴的忠實讀者，常識豐富，不時給我建議，我通常敬謹接受。例如她會說：「這是我所看過你寫得最爛的一段！」（不用說，那段文字已經被我刪除了）。

當然，我也要向同意接受訪問的所有交易者致謝，因為沒有他們就沒有本書。大體而言，他們並不需要也無意求名，因為他們只替自己所管理的帳戶交易，或是已經在管理所想要的資金，因此他們接受訪問的動機，只是為了要幫助別人。例如，有一位交易者說：「我剛入行時，發現一些成功交易者的傳記或訪問特別有用，所以我也希望能飲水思源，幫助後進。」

誠摯感謝 Elaine Crocker 的諄諄善誘，才使我有辦法完成若干章節。我也謝謝 Courtney Smith、Norm Zadeh、Susan Abbott、Bruce Babcock、Martin Presler、Chuck Carlson、Leigh Stevens、Brian Gelber、Michael Marcus 和 William Rafter 給我建議、指導和其他協助。

最後，我要感謝 Irv Kessler、Doug Redmond 和 Martin Presler 等三位交易者接受我冗長的訪問，卻沒有納入本書（前兩位是因為我的問題太過於技術性和深奧，第三位則是因為出書在即，沒有足夠時間再做後續訪問和彙編）。

前言

有一本書叫做《The Big Board》（大看板），描述一對地球人被外星人綁架。他們被帶到二一二號鋯子星的動物園做展示：

這兩個人所住動物園的牆上有一面大看板，顯示股票和商品的報價，另有新聞接收機與電話連接到地球的某個經紀商。外星人告訴這對俘虜，已經為他們在地球上投資一百萬美元，可讓他們自行管理。如果順利的話，等到他們返回地球時便已家財萬貫了。

當然，電話、大看板和新聞接收機都是假的。那只不過是要讓這兩個地球人更用心，好讓動物園觀眾看到更生動的表演——時而雀躍歡呼，時而竊笑、憤怒、恐懼，或如嬰兒依偎在母親懷裡般得到滿足。

地球人的紙上功夫不錯。當然，這也是外星人的戲碼之一。這一次連宗教也插上一腳混入其中。新聞接收機提醒他們，美國總統已宣布全國進入禱告週，每個人都要祈禱。地球人那一週在市場中表現欠佳，橄欖油期貨投資小虧，因此他們也祈禱了一番。果真有效，橄欖油真的上漲了。

——***Kurt Vonnegut Jr.***《五號屠宰場》

如果隨機漫步理論的學者是正確的，地球上的交易者一定和基爾格・特勞特（Kilgore Trout，他是Vonnegut小說中無所不在的科幻小說作家）小說裡被俘地球人的遭遇相同，一樣迷惘。二一二號鋯子星上被俘的地球人以為他們是根據實際報價在操作（事實上不是），真實世界中的交易者也認為他們能憑聰明才智或技巧擊敗市場。如果市場時時刻刻真有效率而且隨機，那麼就算這些交易者把成敗歸諸於本身的技巧或缺點上，但實際上那一切也只不過是運氣罷了。

但是，在訪問過本書中的交易者之後，這樣的觀點就變得很難讓人接受。有人深信，要持續這麼多年贏過許許多多交易者，幾乎是不可能的事。當然，如果交易者的人數夠多，基於機率法則，經過長時間之後，一定會有某些人超越其他人的表現。或許有人會認為，書中的傑出交易者之所以能夠脫穎而出，其機率應該是由數學所決定的。不過，本書所訪問的交易者自己則毫不懷疑地相信，經過長時間之後，輸贏乃是根據技術而非運氣所決定。在此我也將這樣的信念，與大家共同分享。

我的故事

研究所畢業後，我先從商品分析師開始幹起，那段期間我很興奮地發現，我的經濟統計分析總能正確地預測許多商品價格的重大起伏。不久後，我便起了交易的念頭。問題是，我任職的部門不准分析師進場交易。我和麥可．馬可斯（本書訪問的第一位交易者）討論了我的困擾和處境。麥可說：「我當年在那兒工作時也有相同的問題，你應該學學我，在另外一家公司開戶。」他介紹他新公司的一名經紀人給我，於是我便開了戶。

那時我的薪水比同部門的秘書還低，因此也沒有多少資金可以從事冒險。我央請家兄投資兩千美元開了個帳戶，由我充當顧問。由於此事必須保密，所以我無法從辦公室打電話，每次買賣就必須搭電梯到地下室，從那兒打公共電話。最難過的不光是每次下單都會遲延，令人心急，而且還必須小心不讓別人察覺我老是開溜。有時，為了不讓人起疑，我甚至不得不延到隔天早上才下單。

最初幾次的交易詳情我已經不記得了。只記得扣除手續費後，斬獲比損益兩平也好不到那裡去。後來，我經歷了一次終身難忘的交易。在詳細分析二次世界大戰後的整個棉花走勢之後，我發現由於政府的種種輔助計畫，一九五三年以來只有兩個產季真正稱得上是自由市場（即價格由市場供需決定，而非政府的輔助計畫決定），我的結論很正確——只有這兩季的資料，能用來預測棉花的價格。不過很不幸的是，我並沒有做出以下結論——現行市場資料不夠充分，不足以做出有意義的分析。當時棉花交易價為每磅二十五美分，跟那兩個產季相比較，我推論棉花價格應該會上漲，升到大約三十二美分到三十三美分的頂峰。

最初，預測十分準確，棉花漲了好幾個月，後來更加速挺升，並在一週之內從每磅二十八美分躍升到三十一美分。而最後階段的漲升，是因為一些我認為無關緊要的消息，因此我心想：「這已經很接近我預測的高價了。」於是決定放空。剛開始棉花還小漲了一些，但很快就跌破了每磅二十九美分的水準。在我看來，這似乎十分自然，因為走勢和我的分析一致。然而，我的獲利和得意僅曇花一現，因為棉花價格不久之後即反彈創新高，還一路上衝，破三十二美分、三十三美分、三十四美分直上三十五美分，最後我賠光了，被迫出清部位。兩手空空的這段日子，也許是我一生中最難得的空閒，最後棉花價格飆到九十九美分，比本世紀上一次的天價還高出一倍多。

那次交易使我被淘汰出局了好一陣子。接下來的幾年，我又牛刀小試了一番，每次交易規模都不超過兩千美元，但最後又是一筆交易大虧而一無所有。唯一足堪告慰的是，我的損失金額跟很多人比起來算是很少了。

後來發生兩件事，終於打破了我這種屢戰屢敗的模式。第一，我碰到了史迪夫・柯諾維茲（Steve Chronowitz）。那時我是豐布羅爾（Hornblower & Weeks）公司的商品研究部主管，聘用了史迪夫作為貴重金屬分析師。我們兩人共用同一間辦公室，很快就成為了好友。我是個基本分析師，史迪夫則不同，他完全是技術分析派（基本分析師使用經濟資料預測價格，技術分析師則利用市場本身的資料——如價、量和人氣——來預測走勢）。

在那之前，我對技術分析總抱持著有色的眼光，懷疑那玩意兒只看圖表能有什麼價值。然而，和史迪夫並肩工作後，才發現史迪夫對市場的預測經常都是正確的，於是我開始體認到，以前對技術分析的觀念或許錯誤了。交易要成功，光靠基本分析還不夠，必須把技術分析對交易時機的掌握也納進去才對——至少我是這麼認為的。

第二件讓我交易反敗為勝的因素，是我終於體認到致勝的關鍵，絕對少不了風險控制。我決定不再讓自己因為一筆交易而輸光家當——不管我對市場的看法有多麼執著。

很諷刺的是，我自認為是成功的轉捩點、而且可視為我一生傑作的一筆交易，實際上卻是虧損的。當時德國馬克在超跌後漲破長期盤整的區間。依據我對市場的分析，德國馬克正在打底。我在馬克還在築底的時候做多，並且在近期的低檔之下，同時下了「取消前有效」的停損賣單。根據我的推論，如果預測正確，馬克應不會創新低。但幾天之後，馬克卻開始下跌，結果我在小賠後停損出場。幸虧當時我這麼做，因為後來馬克行情重挫有如隕石墜地。如果在過去，這樣的交易一定會讓我一貧如洗，但這次我只是小賠而已。

沒多久，我又看多日圓。日圓經過技術性盤整，蓄勢待漲。我交易時通常只下一口合約，而我所能承受的風險是價格下跌十五檔。然而，那次我一口氣下了三口合約，今天回想起來真是難以置信。後來市場一路上漲沒有回頭，但我出場太早，幸好當時還保留其中一口合約做長，而這口合約最後使我的帳戶增值成原來的三倍。我就從這次開始獲利，接下來的幾年，我善用技術分析、基本分析和風險控制，結果從阮囊羞澀的狀況，變成資產超過十萬美元。

美好的時光後來結束了。我發現自己買賣越來越衝動，不再遵照我所學到的規則。反省過去，我想當時我太恃才傲物，目空一切。猶記得有一次做黃豆虧了，我不但沒有在市場走勢和我的看法背道而馳時認輸出場，反而過度自信地認為，那只是多頭市場的短暫回檔而已，於是還加碼買進。當時我犯了雙重錯誤：判斷失準，又在政府公布穀物收成報告之前加碼買進，後來政府發布利空的報告，使我的資金淨值大跌。幾年來好不容易累積的獲利，在幾天內就輸掉了四分之一。

後來我把投資全部變現，買了一幢房子，接著又休假一年，寫了一本書[1]，儲蓄直降，幾乎五年之久無力重返市場。當我再回到市場時，用的仍是老招式，從小額開始，先投入八千美元，差不多一年便虧光了。我再挹注八千美元，先是小挫數次，終於大贏幾番，兩年內我的帳戶擴增到逾十萬美元。然後就此打住，不再擴大，一年來我的資產就在不到十萬美元的水準起起落落。

註1：書名是《A Complete G_ide to the Futures Markets》（期貨市場完全指南），一九八四年出版。

雖然客觀來說，我的交易還算成功，但感覺上常自認不免失敗。基本上我認為，憑我的市場知識和經驗，應該更有斬獲才對。我常捫心自問：「為什麼沒有辦法把十萬美元變成十倍？為什麼資產不能再擴大，遑論要倍增？」

撰寫本書的動機之一就是要尋找答案。我要問這些成功的交易者：你成功的主因是什麼？你用什麼手法操作？你交易時遵守什麼法則？剛入行時有哪些經驗？有什麼可以奉勸後進？

從某方面來說，我尋求答案是為了幫助自己超越障礙，但廣義地說，我自認代表大眾發問，問一些別人有機會也會發問的問題。

第1篇 期貨與外匯

揭開期貨神秘面紗

在本書所討論的所有市場中，期貨市場或許是大部份投資人最不瞭解的市場。它也是成長最快速的市場之一。期貨市場的成交量在過去廿年間成長了廿倍以上。一九八八年，全美國所有期貨契約的成交量總值超過了十兆美元[2]。很顯然的，期貨交易絕不只是個小生意而已。

如今期貨市場涵蓋了全世界所有的主要商品，包括利率（如公債）、股價指數（如S&P500）、外匯（如日圓）、貴重金屬（如黃金）、能源（如石油）、農產品（如玉米）等等。雖然期貨市場起源於農產品，但農產品目前只占期貨總交易量的五分之一左右。廿年來，許多新型合約的引進和飛速成長，導致金融市場（外匯、利率工具、股價指數）如今約占期貨總交易量的百分之六十（能源和金屬市場約占其餘百分之四十其中的一半）。因此，雖然「商品」（Commodities）這個名詞常被用來指期貨市場，但卻愈來愈不適宜。許多交投最熱絡的期貨市場（如金融工具期貨市場）對應的並不是真正的商品，而且許多商品市場也沒有相對應的期貨市場。

註2：這只是粗略而保守的估計值。估計方式為成交量兩億四千六百萬口，乘上每口平均四萬美元的契約價值。其中還不包括短期利率期貨（如歐洲美元期貨）以及單一期貨契約，其價值從每口糖一萬一千美元〔每磅十美分〕到每口S＆P一萬五千美元〔指數為三百點〕。

期貨市場（futures market）的本質，可以從它的英文名稱看得出來。它的交易對象是某個標準化的商品（如黃金）、金融工具（如國庫債券）合約，其內容都是希望於將來某個日期交貨，有別於當下立即交貨的交易方式。舉例來說，如果某汽車製造廠眼前的生產活動需要馬上用到銅，那麼它就會直接向某家廠商購買原物料。但是，如果這家汽車製造廠擔心六個月後銅價可能會上漲許多，那麼它就可以現在先買進銅期貨，把價格鎖定在目前的價位附近（這種沖銷未來價格波動風險的操作，就叫做避險 [hedge]）。如果這段期間內銅價果真攀升，那麼期貨避險所獲得的利潤，便可以大致沖銷實際買銅時所增加的支出。當然，如果銅價下跌，期貨避險操作就會發生虧損，但是廠商買銅的價格也會變得比較便宜。

參與期貨市場的人，有一種是上面所說的汽車製造商那種避險者（hedgers），目的是要減低價格不利波動所產生的風險。除此之外，交易者（trader）也會進入這個市場，目的是想要從預期的價格波動中獲利。事實上，許多交易者喜歡期貨市場甚於現貨市場，理由不一而足：

1. 合約標準化——期貨合約都已標準化（以數量和品質來說）；因此，交易者不必另外費心去尋找特定的買主或賣主，以建立或出清倉位。
2. 流動性——所有的主要市場流動性都非常良好。
3. 放空容易——在期貨市場放空和做多一樣容易。比方說，股票市場裡的空頭（借股票來賣的人）必須等價格往上跳時才能建立倉位，期貨市場則沒有這樣的限制。

4. 融資比率高——期貨市場提供很高的融資比率。大致來說，初步保證金[3]要求通常是合約價值的百分之十。雖然融資比率高是期貨市場對交易者有利的一個特性，但不要忘了它是一把雙刃劍。大部分交易者都在期貨市場裡賠錢，其中濫用融資就是最重要的單一因素。大致上來說，期貨價格的波動比現貨價格波動大，而期貨市場之所以以高風險聞名，主要便是融資因素作祟。

5. 交易成本低——期貨市場的交易成本非常低廉，比方說，股票投資組合經理人如果想降低市場風險，賣出等值的股價指數期貨合約，會比賣出個別股票的成本便宜許多。

6. 沖銷容易——市場交易時間內，只要價格不是鎖住漲停板或跌停板，期貨倉位隨時都可以對沖沖銷（offset）（有些期貨市場明定每天最大的價格變動幅度，以防止自由市場的力量在漲跌停板之外求得價格均衡；在這種情況下，市價會變動到漲跌停板價位，並幾近停止交易。）

7. 有交易所的保證——期貨交易者不需擔心進行交易之對方的財務是否穩健。所有期貨交易都由交易所的清算公司保證履約。

註3：很不幸，期貨市場也用「保證金」一詞，這使得它與股票市場的保證金觀念產生很大的混淆。期貨市場裡，保證金的意思並不是說預先繳一筆款項，因為買賣當時並沒有實物的交易，必須等到到期日才有；在期貨市場中，保證金基本上是用來保證履行合約的一筆存款。

正因為期貨本身的結構特性，因此期貨與它們的相應市場（underlying market）關係非常密切（市場上有所謂的套利客，他們可以確保價格偏離常軌波動的幅度相當微小，而且為期十分短暫），所以期貨價格的波動與相對應現貨市場之間，有著非常緊密的平行關係。請讀者務必記住，絕大部分的期貨交易都集中在金融工具上，而且許多期貨交易者交易的也只限於股票、債券和外匯。因此，就這一點而言，即使讀者從未涉足股票和債券以外的投資世界，以下各章訪問期貨操作者所編寫的內容，對各位來說讀起來應該也不會感覺到陌生才對。

銀行間外匯市場的定義

銀行間外匯市場是二十四小時交易的市場，隨著太陽起落，交易地點從美國、澳洲、遠東、歐洲回到美國。這個市場之所以會存在，是因為世界匯率波動劇烈，有必要滿足各個企業規避匯率風險的需要。例如，如果某日本電子製造商洽談外銷音響設備到美國，六個月內收到美元付款，這段期間該製造商有可能會受到美元兌日圓貶值的打擊。如果這家日本廠商想要保住以日圓計價的銷售利潤，便可在銀行間外匯市場拋售等值的美元。銀行將依未來的特定日期，向這家電子廠商報出其所需金額的外匯價格。

投機客為了從匯率波動中獲利，也會到銀行間外匯市場中交易。舉例來說，某投機客預料英鎊兌美元會下挫，便可賣出遠期英鎊（銀行間外匯市場所有交易都以美元計價）。預期英鎊會對日圓走低的投機客，則會買進特定美元金額的日圓，並出售等值美元的英鎊。

麥可．馬可斯
MICHAEL MARCUS

好戲不重演
Blighting Never Strikes Twice

麥可．馬可斯最早在一家大型經紀公司擔任商品研究分析師。不過，他對交易的興趣濃厚，終於驅使他放棄這個高薪的職位，全心全意投入商品交易的領域當中。在做了一陣子場內交易者後，他進入商品公司（Commodities Corporation）服務，這是一家僱用專業交易者從事基金操作的公司，馬可斯後來成為該公司最成功的交易者之一。幾年下來，他的獲利甚至超過其他交易者所賺的總合。他在十年之間，使公司的資金增長了二千五百倍，令人難以置信。

與馬可斯初次見面，是我到雷諾證券公司（Reynolds Securities）擔任期貨研究分析師的時候。當時，馬可斯已跳槽到雷諾證券公司的競爭對手處，擔任與我同樣性質的工作，而我是去接替他的遺缺。

我們在事業生涯初期定期見面，並交換意見。當我們對市場走勢產生不同意見時，儘管我總是認為自己的分析較具說服力，但最後卻總是證明馬可斯的預測較為準確。後來，馬可斯成為一個成功的交易者，並搬到西岸去了。

當我初次興起要寫這本書的念頭時，即想到要訪問馬可斯。馬可斯對我的請求，起先是同意接受訪問，不過態度並不十分肯定。幾個星期之後，他有些退縮，希望以假名接受訪問。我非常失望，因為馬可斯是我有幸認識最高明的交易者之一。幸好我們的一位好朋友幫助我說服了馬可斯改變主意。

採訪馬可斯的時候，我們已有七年未曾謀面。訪問是在馬可斯家中進行的，他的家是一棟雙拼式的建築物，位於山崖之上，可以俯覽南加州的海灘。這棟建築物的大門氣勢恢宏（我的助手形容它為「令人嘆為觀止的大門」），連坦克雄師都難以越雷池一步。

馬可斯在與我分離七年後的初次會面中，剛開始顯得有些生疏冷漠，不過一談到他的交易經驗時，話匣子便打開了。我們的話題著重於他早期「浮浮沈沈」的事業生涯，而他認為這是他事業生涯中最引人入勝的一段歲月。

Q：你是怎麼開始對期貨交易感到興趣的？

我其實應該稱得上是一位學者。一九六九年我從霍布金斯大學畢業時，在班上成績名列前茅。我還擁有克拉克大學心理學博士學位，而我當時相信我的終身職業是做一位教授。

後來透過朋友介紹，我結識一位名叫約翰的人。他告訴我，他可以讓我的存款每兩週就增加一倍。這番話聽來實在很誘惑，而我甚至不敢問他如何辦得到。因為我深怕，要是知道太多事實真相，就會破壞掉這件美好的事，我可不想最後被澆一盆冷水。

Q：你是不是太多心了？難道他的口氣聽起來像是二手車的推銷員？

不。我當時對投資一竅不通，於是請約翰擔任我的商品投資顧問，週薪三十美元。他是我們學校的大三學生，偶而我也會請他吃洋芋片和汽水，這傢伙相信，光吃這些東西就可以過活。

Q：你就付他這麼多嗎？難道沒有紅利？比如他做得不錯的話，多送他一點洋芋片。

沒有，就是這麼多。

Q：你拿出多少錢來投資？

大約是我省下來的一千美元。

Q：結果呢？

我第一次去交易公司時，既緊張又興奮，我甚至穿上我第一百零一套西裝呢！我們去的是巴爾的摩的雷諾證券公司，那是一間寬敞高雅的辦公室，觸目所及都是桃核木傢俱，而且整間辦公室瀰漫一種安靜肅穆的氣氛，令人印象深刻。

辦公室最引人注目的是前面的一大片商品交易看板，是那種會發出滴答聲的老式看板。聽到那種滴答滴答聲，實在令人興奮。看板前面有一條走廊，交易者就坐在那裡盯著看板。不過，由於走廊和看板距離很遠，因此我們必須用望遠鏡來觀看板上的商品價格變動。這實在非常刺激，就像看賽馬一樣。

我後來聽到擴音器推薦購買黃豆粉，才意識到這是玩真的。我看看約翰，希望看到他臉上充滿自信與確定的表情。可是，他卻看著我問道：「你認為我們是不是應該買黃豆粉？」這時候我才知道，他根本對期貨一竅不通。

我還記得當時黃豆粉的交易情況相當平靜，價格小幅起伏：七十八點三〇、七十八點四〇、七十八點三〇、七十八點四〇。於是我們決定買進，可是就像變魔術般，我們一拿到成交確認單，價格就開始往下跌。我猜想即使是在那時候，我就已經具有某種跟交易方面有關的本能了，因為我當時立刻就對約翰說：「咱們搞砸了，還是趕快出場吧！」結果，這筆交易害我損失了一百美元。

我們的下一筆交易是玉米，可是舊戲重演。約翰問我是不是要買玉米。我回答：「好吧，咱們試試！」，結果雷同。

Q：你當時到底知不知道你在幹什麼？在那之前，你有沒有讀過任何有關商品交易的書籍？

一無所知，也沒有讀過這類書籍。

Q：你難道連每一口合約的數量都不知道嗎？

是的，我不知道。

Q：你知道價格每下跌一檔，你會損失多少嗎？

我知道。

Q：很顯然，這是你唯一知道的事情？

沒錯。我們下一筆交易的是小麥，結果又賠了。後來我們又回到玉米，這回還不錯，到了第三天我們才開始賠錢。我們當時是以要多少天才賠錢，做為交易成功與否的判定標準。

Q：你是不是每次都在賠了一百美元以後出場？

是的，不過有一筆交易賠了兩百美元。當時我只剩下五百美元左右，而約翰有個點子，認為可以把一整天的虧損都撈回來。他說，我們應該買進八月份的豬腩，同時賣出隔年二月份的豬腩，因為這買進賣出間的價差要高於持有成本（八月份收貨、保存，然後到隔年二月份再重新交貨的總成本）。他說這是一筆萬無一失的交易。

我似懂非懂地同意了這筆交易，然後我們兩人終於決定去吃頓午飯。通常我們一整天都會盯著看板，不過這次由於我們認為這筆交易應該是穩賺不賠，因此才放心出去用餐。然而當我們回來時，卻發現自己幾乎已經賠得一乾二淨了。我還記得那種震驚、憤怒與難以置信的感覺。

我永遠記得約翰當時的反應。他是一個小胖子，鼻樑上架著一副厚重的眼鏡。他衝到看板前，猛敲著看板，口中喊道：「難道就沒有人想穩賺不賠嗎？」後來我才知道，八月份的豬腩根本就不能做為隔年二月份期貨交割的商品，這筆交易從一開始就錯了。

Q：約翰以前作過期貨交易嗎？

沒有。

Q：既然如此，他怎會說出能夠把你的存款每兩週就增加一倍的天方夜譚呢？

我也不知道。不過，在那筆交易之後，我已身無分文。於是我告訴約翰，經過這幾筆交易之後，我發現他其實和我一樣，對期貨交易一竅不通。因此我決定解僱他，以後不再提供洋芋片和汽水。

我一輩子也忘不了他的反應，他告訴我：「你犯了你一生中最大的錯誤。」我問他以後有什麼打算？他說：「我要去百慕達洗盤子，賺老本，然後再投入期貨交易，等我成為百萬富翁後，我就退休。」有趣的是，他並不是說：「我要去百慕達找份工作，賺夠老本，然後再投入期貨交易。」他的語氣非常堅定，他要用洗盤子來賺回老本。

Q：約翰最後怎麼樣了？

我也不知道。我只知道他有可能從洗盤子開始，最後成為百慕達的一位百萬富翁。

在這之後，我又湊了五百美元，投入白銀投資交易，不過也賠光了。我最初的八筆交易，其中有五筆是和約翰合作，有三筆是靠自己，結果都賠掉了。

Q：你是否想過，你根本不適合從事期貨交易？

沒有。我在學校成績不錯，因此我對買賣期貨很有信心，問題只在於是否能掌握要領而已。我的父親在我十五歲時就去世了，他遺留下三千美元的壽險理賠金。於是我決定不顧母親的反對，動用這筆錢繼續買賣期貨。不過，在此同時，我也明白我必須多瞭解一些有關期貨的知識。

我讀了好幾本契斯特·凱納（Hester Keltner）有關小麥和黃豆的書籍；另外，我也訂閱了他的市場資訊，他透過這些資訊推薦投資人應該何去何從。我根據他的推薦，買進小麥，結果小有斬獲。估計在這筆交易中每英斗為我賺進四美分。這是我第一次買賣期貨賺錢，真是興奮極了。

後來，在我收到契斯特的第二期資訊之前，小麥價格又跌回到我當初買進的價位，於是我再度買進，又小賺了一筆。我感覺自己已開始逐漸能夠掌握期貨操作的要領了，而且喜歡自己做決定的感覺。

至於接下來的一筆交易，則可以說是完全靠運氣。我依據契斯特的推薦，於一九七〇年夏季買進了三口十二月份玉米期貨，而那個夏季恰好乾旱無雨，造成當年玉米歉收。

Q：那是你頭一次靠期貨大賺一筆嗎？

是的。我後來一方面依據契斯特的建議，一方面憑著自己的判斷，又買進幾口玉米、小麥和黃豆期貨。那個夏季結束後，我總共賺了三萬美元，這對一個小康之家來說，實在是再美妙不過的事。

Q：你是如何判斷獲利了結的時機？

有些是在行情仍然上漲時脫手的，有些則是開始下跌時脫手。總而言之，我拋的時機都還算不錯。

Q：這麼說來，你那時候就能憑直覺決定適當的買賣時機？

是的。那年秋天，我進入麻省渥凱斯特大學研究所就讀，可是我當時根本不在乎是否能拿到學位，反而經常翹課，跑到當地的期貨經紀公司鬼混。

那真是一段值得回味的時光，當時我在期貨交易上小有斬獲，然而同時我也發現自己的曠課紀錄實在驚人。一九七〇年十二月，我決定休學，並搬到紐約。我在紐約待了一陣子，當時有人問我從事什麼行業，我總是帶著幾分自豪的味道告訴他們，我從事的是投機業。我當時覺得投機二字聽來頗為美妙。

一九七一年春天，穀物再度成為期貨市場的焦點。當時有此一說：「病蟲害將會使得玉米收成遭致嚴重打擊。」因此我決定趁此機會大撈一票。

Q：這是凱納的預測，或只是市場傳言而已？

我想凱納大概也相信這種說法。我向母親借了二萬美元，加上自己的三萬美元，全部都押在這項預測上，五萬美元全部買了玉米與小麥期貨。剛開始，市場還維持平穩，我不賺也不賠。然後，關鍵性的那一天到來，我這一輩子也忘不了。「華爾街日報」有一篇報導，標題是：「芝加歌交易所遭受的病蟲害遠大於中西部的玉米田。」當天玉米期貨一開盤便大幅下挫，很快就跌停板了。（在許多期貨市場中，單日的價格變動都有漲跌停板的限制。在馬可斯的案例中，由於自由市場的作用，造成商品價格下跌，到跌停板時市場交易就會自動中止，因為當時雖然有大批賣單，可是卻沒有願意承接的買單。）

Q：你親眼看著市場崩盤嗎？

是的，我當時就站在經紀公司裡，眼看著看板上的價格直線下挫。

Q：難道你沒有想到在跌停之前脫手嗎？

有。可是我卻眼睜睜地看著它跌停。我當時完全傻了，一心只希望它會止跌回升。結果我只是目不轉睛地看著看板，等到跌停時我已無法脫身。當天晚上，我考慮了一整夜，可是我毫無選擇餘地，只有脫手一途。第二天一早，我在一開盤就把手中的倉位全部殺出。

Q：開盤後價格是否持續重挫？

沒有，不是重挫，只是小跌二美分。

Q：在這筆交易中你賠了多少錢？

三萬美元全部賠光了，而母親借我的二萬美元也賠掉了一萬兩千美元。我太自負，這筆交易給了我一個很大的教訓。

Q：那麼後來你怎麼辦？

我非常難過，決定找個工作餬口。當時經濟不景氣，要找到好工作不容易，因此我想也許應該降低自己的要求。我應徵了一些職位較低但自己絕對能勝任的工作，可是卻都沒有得到回應。最後我才明白，我之所以找不到工作，是因為我根本就不怎麼想要那些工作。

在我所應徵的工作中，最好的機會就是擔任雷諾證券公司的商品研究分析師。結果我發現自己輕易就爭取到這份工作，原因是我真的很想要這份工作。從這次的經歷，我發現一件事：「假如你積極爭取你所要的，你獲得的機會就比較大，因為你比較在意。」

在我的辦公室與大廳之間有一道玻璃牆，我可以看到大廳中營業員的工作情形。這對於無法忘情於期貨交易的我來說，實在是很大的誘惑。

Q：那時候你是否只做研究，而沒有從事期貨交易？

是的，因為公司嚴格禁止分析師進行期貨交易。不過，我可不管這些，我又向我母親、兄弟和女朋友借了一筆錢，然後在另一家公司開戶。我發明了一套暗號和我的經紀人聯絡，以免引起公司懷疑。例如我說：「太陽出來了。」是代表某種意思，而我說：「天氣是陰天。」又代表另一種意義。

當時，我一方面要寫市場研究報告，一方面又忍不住要偷看大廳中的行情看板。賺錢的時候，我必須隱藏得意之色；賠錢的時候，又必須嚴防同事看到我臉上沮喪的表情。我想沒有人注意到這件事，但我簡直就快瘋了。我備受煎熬，因為我想要自由自在地做期貨交易，不想玩捉迷藏。

Q：那段時間你到底是賺還是賠？

賠。我又回到了借錢、賠光、借錢、賠光的惡性循環中。

Q：那時候你是否知道自己哪裡做錯了？

問得好。基本上，我當時從事期貨交易從來沒有遵循原則，我完全做錯了。不過，在一九七一年十月，我在我的經紀商辦公室裡結識了一位朋友，日後我的成功得完全歸功於他。

Q：他是誰？

艾德．塞柯塔（Ed Seykota）。他是位天才，同時也是一位傑出的交易者。當初我認識他時，他才剛從麻省理工學院畢業。他自己發展出一套電腦程式交易系統。直到現在，我還是弄不清楚究竟他是如何知道那麼多有關期貨交易的專業知識。

塞柯塔告訴我：「我覺得你應該到這裡來工作，我們要成立一家分析公司，你可以用自己的帳戶從事交易。」他的建議相當不錯，然而其中唯一的問題，就是那家公司的研究部門主管不肯僱用我。

Q：為什麼？

我也不清楚。其實我應該是最有希望被錄取的，因為我的履歷寫得很棒，又具有經驗。後來，我問他拒絕錄用的原因，他說：「不錄用你是因為你對期貨交易已經懂得太多，而我們希望能重頭開始訓練一個新進人員。」於是我回答：「我會完全聽你的指示。」最後，我終於說服他錄用了我。

我在那裡工作簡直如魚得水，因為我可以向塞柯塔學習，而他當時已經是一位成功的交易者。基本上，他是一位相信大趨勢的人，遵守傳統的交易原則，他不但教我如何獲利，同時也教我如何減少損失。

塞柯塔本身就是一個好榜樣。例如有一次白銀價格持續上揚，大家都認為白銀價格偏低而看好後勢，然而只有塞柯塔一人作空，結果銀價果真下跌，每天跌半美分。他說：「大勢已經開始下跌，我要等到大勢反彈再進場。」他追隨大趨勢的操作策略，讓我學會了忍耐。

Q：你在塞柯塔的指導下成為一名交易者了嗎？

剛開始還沒有。即使有塞柯塔在身邊，我還是持續賠錢。

Q：你覺得當時自己哪些地方做錯了？

我想主要是在於耐性不夠，無法等到大勢明朗，就貿然進場。

Q：你可曾想過，既然塞柯塔做得相當成功，就乾脆依樣畫葫蘆好了？

沒有，我辦不到。

Q：你可曾想過，乾脆放棄期貨交易？

有的時候會這樣想，乾脆放棄期貨交易算了，因為賠錢的滋味實在不好受。在電影《屋頂上的提琴手》（Fiddler on the Roof）中有一幕，主角仰頭望著天空，向上帝傾吐心聲。我則是抬頭自問：「難道我真的這麼笨嗎？」然後我似乎聽到來自上天的回答：「不，你不笨，你只是需要再努力一點而已。」於是我決定再接再厲。

當時，我在協利（Shearson）公司認識一位已屆半退休狀態的經紀人，他叫阿莫斯・賀斯泰德（Amos Hostetter）。這位仁兄學識淵博而且和藹可親，他欣賞我寫的東西，我們經常聊聊，他補強了許多塞柯塔教過我的東西，我從他們兩人身上獲益良多。

Q：你當時可曾向公司提供期貨交易的建議？

有。

Q：這些建議成功嗎？

還不錯，因為我已經比較有耐性了。不過，當時手頭很緊，而且也沒有人願意再借錢給我。可是，我還是決定重做馮婦，那時候我的年薪只有一萬兩千五百美元，但我仍然設法存下了七百美元。由於七百美元還不夠開戶，於是我和一位朋友合夥開了一個帳戶。

Q：在這個聯合帳戶下，是由你完全做主進行期貨交易嗎？

是的，我的朋友對期貨根本一竅不通。當時是一九七二年七月左右，美國正在實施物價管制，期貨市場大概也受到了一些管制。

Q：你指的是「尼克森的物價凍結政策」嗎？

是的。理論上，合板（plywood）價格被凍結在每一千平方尺一百一十美元的價位上。合板是我當時為公司分析的商品之一，而其價格在當時已經接近一百一十美元。於是我發出一項利空的看法，指出雖然合板供應緊俏，不過價格不可能突破一百一十美元，因此在一百一十美元拋空，並不會遭到任何損失。

Q：當時政府如何控制商品價格，使市價不至於因為供不應求而上漲？

很簡單，只要價格上揚就算違法。

Q：你是說生產者不能提高價格？

是的。當時情況是用人為的力量把價格壓低。然而，根據經濟理論，以人為力量壓低價格會導致商品供應短缺。可是期貨市場的情況是否也是如此，便不得而知，這是理論與實際間的灰色地帶。

有一天，我在看行情的時候，發現合板價格已升達一百一十美元，然後繼續揚升到一百一十點一美元、一百一十點二美元。換句話說，合板的市場價格已比法定上限價格高出二十美分。於是我四處問人這樣子究竟會怎麼樣，但似乎沒有人知道答案。

Q：合板是期貨市場上唯一超過法定上限價格的商品嗎？

是的。不過也沒有發生什麼大事。我記得當天合板市場是以一百一十美元收盤，第二天，合板就以一百一十點八美元開盤。當時我想，既然政府准許合板以一百一十美元以上的價位成交，那他們可能就是不管合板價格了。於是我買進合板，結果合板價格最後飆漲到兩百美元的水準。

Q：這是你在穀物市場慘敗之後，首次有所斬獲嗎？

是的。

Q：合板現貨價格是否仍維持在一百一十美元？

當人們欲取得某種商品卻別無它途時，期貨市場的功能就是為人們提供最後一種途徑。

Q：基本上，凍結物價造成了兩價市場，這不就有如合法黑市？

是的，那些與生產商之間沒有良好的特殊關係、無法以凍結價格取得商品的人，可以在期貨市場以較高的價格購買合板。另一方面，合板的生產者也對必須以法定價格賣貨感到不滿。

Q：既然期貨市場價格並未受到管制，生產者又為什麼不把商品拿到期貨市場交易？

有些人的確這麼做了。不過，當時合板期貨交易才在起步階段，大部分的人對期貨不甚瞭解，有些人甚至還認為到期貨市場上交易是違法的。另外，也有些人想把合板拿到期貨市場上交易，但是他們的律師卻說：「也許合板確實可以在期貨市場中賣到高價，不過我們最好還是依照規定的價格出售。」當時真可以說是問題多多。

Q：難道政府沒有干涉嗎？

也不盡然，我回頭再來談這件事。總而言之，在幾個月之內，我因為這筆合板期貨交易，七百美元很快就膨脹為一萬兩千美元。

Q：這是你當時唯一的一筆交易嗎？

是的。之後，我想到木材缺貨的情況可能也會和合板一樣，於是我又把所有的錢全都投到木材期貨上，就如同以往買賣玉米和小麥期貨一樣。我一心以為，木材的期貨價格也會突破法定的上限價格。

Q：木材期貨當時的行情怎麼樣？

不怎麼樣。它只是在一旁看著合板期貨價格從一百一十美元上漲到兩百美元。由於合板與木材是屬於同質商品，而且當時木材供應也告短缺，因此我認為木材期貨價格一定也會上漲。我在大約一百三十美元的價位買進木材期貨，但也就在這時候，政府有關單位終於注意到合板的情況，而他們認為，合板所發生的情況絕不能在木材上重演。

就在買進木材的第二天，某位政府官員出面宣布：他們將對炒作木材價格的投機份子施以打擊。此聲明一出，木材行情立刻大跌，跌到我快要被淘汰的邊緣。政府官員連續作了兩週類似的聲明，後來價格跌到我的生死邊緣才穩定下來，最後我的資金只剩能苟活而已。

Q：你是以一百三十美元買進木材的，後來木材價格跌到什麼水準？

大約一百一十七美元。

Q：這麼說來，雖然木材價格的跌幅遠低於合板的漲幅，可是由於投入木材期貨的資金比較多，因此你所承擔的風險也比當初操作合板時要大？

是的。那兩週我走在生死一線間，是我一生中最悲慘的歲月，我幾乎每天都想棄子投降算了。

Q：你想要認賠了結，是為了解除痛苦，還是為了想救回一點老本？

都有。我那時候心急得連手都會發抖。

Q：你當時慘到什麼地步？

一萬兩千美元已縮水變成不到四千美元。

Q：你可曾想過你又重蹈覆轍了？

有啊，我以後絕不會再這麼幹了。這是我最後一次以孤注一擲的方式操作期貨。

Q：後來呢？

我咬緊牙關撐下去。最後木材價格終於止跌回升。當時木材供應短缺，而政府似乎也無力阻止木材價格上漲。

Q：是什麼因素促使你撐下去，是勇氣嗎？

我想主要是因為我已瀕臨絕望邊緣。不過，走勢圖上有支撐點，市場似乎不會崩盤，我苦撐的結果終於有了成果。那年年底，我的帳戶從不到四千美元又增加到二萬四千美元。在我經歷了這次交易後，再也不敢把所有的資金放在一筆交易上了。

第二年，也就是一九七三年，由於政府物價管制措施造成人為的商品供應短缺，因而被迫取消物價管制。管制措施一旦取消，多項商品價格便開始急遽上揚。有些商品的漲幅甚至高達兩倍，而我也因善用期貨以小博大的特性大賺了一筆。

我想，我之所以能搭上這班商品價格全面上揚的列車，應該歸功於塞柯塔教導我堅持市場大趨勢的交易原則。在一九七三年時，我的資金已由二萬四千美元躍增為六萬四千美元。

Q：我記得當時期貨市場出現了一次前所未有的現象，即是商品價格先上漲約百分之十，然後連續創下新高紀錄。你當時如何知道商品價格還會繼續飆升？

我當時是一個對通貨膨脹頗為敏感的右翼人士。我的理論是政府一再促使匯率貶值，這對於通貨膨脹極為敏感的期貨交易來說，無疑是創造了一個非常適合的交易環境。

Q：你的理論事後證明是正確的嗎？

是的。當時市場放眼望去全是多頭，而我即使犯下若干錯誤，也不會有任何不利的影響。

Q：當時全是多頭市場嗎？

是的。當時商品價格全面揚升。我雖然從中獲利頗豐，但我也犯下一個嚴重的錯誤。當時黃豆期貨行情全面看漲，價格從三點二五美元漲到十二點一美元，我獲利了結全面出清，只為了表現出自己與眾不同，而沒有跟著趨勢走。可是塞柯塔並沒有在漲勢未盡之前出場。結果我眼睜睜看著黃豆連續十二天漲停板。我不服輸，每天都到辦公室轉一下，只看到他仍然在場內，而我已出場；最後我都沒勇氣上班了，因為我知道黃豆一定又是漲停板，而我卻不得其門而入。

Q：這是不是一次在奔騰市場中提前下車而且無異於賠錢的經驗呢？

是的。當時我簡直懊惱到了極點，我甚至服用鎮靜劑來弭平沮喪鬱悶的心情。可是服藥的效果並不大。後來有人告訴我：「你或許應該服用像是索瑞精（thorazine）這種藥性比較強的藥。」

我記得在家中服完索瑞精出門要搭地鐵上班，結果一進地鐵便暈倒了。起初，我還沒有想到這是索瑞精的緣故，然而在我迷迷糊糊回到家門口時，又暈過去了。索瑞精的藥力真是太強了，那段時間真可說是我交易生涯的低潮。

Q：你難道不會覺得不甘心，又回去從事黃豆交易？

我認輸了，我怕一進去就賠錢。

Q：你剛才說你賺了六萬四千美元，後來呢？

那時候，我經常到棉花交易所閒逛。每當聽到交易者高喊買進或賣出時，我就感到非常興奮。對我而言，交易所實在是世界上再刺激不過的地方。可是，我的資本淨值必須要累積到十萬美元，才能進棉花交易所從事交易。當時我除了商品帳戶外，沒有任何資金，因此一直見棄於棉花交易所門外。

我繼續在期貨市場中進出。幾個月後，我的資本終於超過十萬美元。然而也就在同時，塞柯塔建議我買進咖啡豆。我依言行事，不過採取的是限定停損賣出的策略，以防市場行情突然重挫。結果咖啡豆行情的確開始下跌，我立刻就出場，但塞柯塔卻被套了好幾天。

當時的交易情況和我那筆黃豆交易一模一樣，不過賠錢和賺錢的角色對換了。我看在眼裡，心中不禁湧起一絲快意。我自問：「這到底是什麼世界，我的快樂竟是建築在另一個人的痛苦上？」我終於明白，當時我的好勝心太強，於是我決定到紐約棉花交易所擔任場內交易者（floor trader）。

Q：可是擔任場內交易者，競爭性可能更大。

表面看起來是如此，但事實不然。

Q：你可曾考慮過場內交易者的限制？從此你只能在一個市場中進出，這無異於減少你的交易機會。

當時我想得並不多，只是一心覺得做場內交易者一定非常刺激。由於個性內向，我總是不敢和其他場內交易者一樣高聲喊叫，反而是把我的買賣單交給另一位場內交易者，由他替我喊價。這樣子的做法延續了好幾個月，直到我認清了我在幹什麼為止。

Q：做場內交易者有什麼好處？

我沒有得到什麼好處，不過我從中學到許多交易經驗。我認為要當交易者的人，都應該先從場內交易者做起。我在那裡學到的東西是受用不盡的。

Q：你學到什麼？

我學會根據場內的交易氣氛來判斷市場行情，從成交鈴聲的密集度來預測價格的走勢。例如當市場價格波動時，場內如果突然安靜下來，這往往代表價格不會再上揚。此外，當成交鈴聲突然由弱轉強，可能不是代表市場價格開始上漲，而是表示獲利回吐賣壓開始湧現。

Q：你說你當場內交易者所學到的經驗讓你受用不盡，但如果你不在交易廳內，又如何利用這些資訊呢？

我也從那段經驗中瞭解到日線圖的重要性。我會在日線圖某些特定的點上，持有大量的倉位，可是一旦走勢和預期不相符，我就會立即出場。舉例來說，我可能會在日線圖某特定點買進二十口合約，而不是平常的五口，而且一定會設定停損價格。在這種情況下，我通常會賺不少錢，而這些經驗就是因為我做過場內交易者，了解市場人士對日線圖中當日高低點的反應。

那段日子我的交易有點像在衝浪，總是想在正確的時刻衝上浪的高峰，如果不成便退出。我可以一天獲利好幾百點，而且幾乎不冒任何風險。後來我成為坐檯交易者（desk trader）時，仍繼續運用這套衝浪技術，當時這套方法所向皆捷，不過我不認為它在如今的市場中還能無往不勝。

Q：這是不是因為如今的市場有如直升機，經常陡升陡降？

是的。以前如果價格漲到了線形圖的高檔，往往會破繭而出，一飛衝天。但如今市場行情遇到相同狀況，卻經常會遭遇賣壓回檔。

Q：那麼如今應該如何進行交易？

我認為關鍵應該在於減量經營。最好的交易應該是基本面、技術面與市場反應這三方面，全都站在你這一邊。首先就基本面而言，就是市場供需失衡，可能造成價格有所變動。其次是市場技術面走勢完全反映出基本面的情況。第三則是市場依據新聞的利多與利空，做出正確的心理反應。例如，多頭市場應該不因利空消息而回檔，但會因利多消息而激升。假如你的每筆交易都符合上述條件，你一定會大發利市。

Q：你就是嚴格依照上述原則進行交易的嗎？

並沒有。因為基本上我太過於喜愛從交易中獲得樂趣。我知道我應該依據上述原則從事交易，但是交易對我而言，是一種生活中不可或缺的樂趣，因此我從事交易，是把樂趣排在最優先。然而，只要市場情況符合上述三種標準，我都會做比平常多五到六倍大的量。

Q：你所有的利潤，都是從那些符合原則的交易中賺到的嗎？

是的。

Q：至於其他的那些交易，是否能達到損益平衡？

是的，而且那些交易也為我帶來了不少樂趣。

Q：你是否會把每筆交易都記錄下來，並且區分哪些是純粹為樂趣而操作，哪些是為獲利而操作？

我只記在心裡。我知道符合我獲利原則的交易一定會為我賺錢，至於其他的交易，我的目標則是只要達到損益平衡即可。不過，現在符合獲利原則的交易機會已經越來越少了，因此必須耐心地等待。

Q：為什麼符合獲利原則的交易機會越來越少？是否因為整個市況已經變得更複雜？

是的。當今的專業交易者遠比從前多得多。想當年，塞柯塔與賀斯泰德教我的知識非常寶貴，然而今天每個交易者都對這些交易原則耳熟能詳。如今你在交易中，觸目所及都是一些聰明絕頂的交易者與電腦。

在當年，你可以從行情看板得知玉米價格開始蠢動，於是你買進玉米。第二天，經紀商開始建議投資人買進。第三天，也許一票牙醫獲得了消息，在空頭回補之後又跟進。但由於我當時是僅有的幾名職業交易者之一，因此我搶盡先機。我可能會在那批牙醫進場時獲利了結，把手中持有的玉米賣給那些牙醫。

Q：你所談的都是短線交易，難道你不作長線嗎？

有些時候我也會作長線，不過我大部分都是在兩、三天後就獲利了結。

Q：既然大部分是在作短線，你大概都是在什麼時候再度進場？

就前面的例子來說，當牙醫進場時，玉米的漲勢已呈強弩之末，而價格也開始下跌，這時候我就會趁機再買進。

可是在今天，只要商品價格一出現上漲的跡象，所有的交易立刻就會一擁而上。

Q：你是說在今天的市場環境中，行情持續上漲的後續支撐力量已不復存在？

是的。

Q：這是不是因為今天的投資人大部分都把資金交給基金經理人操作，而不是由自己直接從事交易的緣故？

是的。就算有人為自己從事交易，數量都很小，與基金經理人交易的數量相比，根本毫無意義，因此今天的情況與當年完全不同。今天你必須先問：「是不是所有的專業交易者都進場了？是不是還有在稍後會進場？」當年根本不須煩惱這些，因為總有一些後知後覺者。而稍後再進場的人就是較晚獲得資訊、動作較慢的投資人。基本上，今天市場上的每個人既果決，行動又敏捷。

Q：今天的市場是不是假突破的現象比較多？

是的。

Q：在如此的環境下，跟隨大勢所趨的交易策略是否已無用武之地？

我認為是。我認為跟隨大勢所趨的時代已經結束，除非市場供需出現極度失衡，而其影響之大，凌駕於其他的市場因素。(在本次訪問之後不久，便發生了所謂一九八八年大乾旱。這次乾旱，足以做為馬可斯上述理論的最佳證明)。還有一種例外情況，即是當我們進入通貨膨脹，或是通貨緊縮的時代。

Q：換句話說，除非市場上出現一股非常強大的力量，足以左右市場行情走勢？

是的。

Q：商品市場在過去五到十年間產生了變化，是不是因為專業基金經理人數大幅增加，而佔去投機性交易活動的大半比例？

商品市場的確有變化。最好的例子就是理查・丹尼斯(Richard Dennis)，他從前做得相當不錯，可是他在一九八八年卻賠掉約百分之五十的資金。跟隨大勢的交易策略已經行不通了，因為一旦你發現趨勢而進場時，其他人也會立刻跟進，結果就會形成市場上完全沒有後續支撐力的現象，從而導致市場行情呈反向變動。

另外一個導致現今市場缺少長期趨勢的原因，是各國央行為穩定匯率，往往在市場上從事反向操作。

Q：央行經常這麼做嗎？

這種情形在最近幾年才開始增多。如果你讀過有關美國公債的資料，你就會發現，外國央行持有美國公債的數量在最近幾年鉅幅增加。外國央行似乎逐漸取代外國投資人，成為挹注給美國的一大來源。

Q：你認為這種情況對於交易有什麼意義？你的交易習慣是否會因此而有所改變？

我一度非常熱衷外匯交易，然而外匯市場是一個二十四小時的市場，因此從事外匯交易非常辛苦。以我為例，就連晚上睡覺，也要每隔兩小時起來一次觀察市場的變化。我會收聽各主要外匯市場，例如澳洲、香港、蘇黎士、倫敦的開盤情況，而我的婚姻就是因此而破裂的。如今，我會儘量避免接觸外匯交易，因為外匯市場完全受政治因素所左右，我甚至還得猜測各國央行的決策。

Q：你在那段日子裡，每天半夜起床，是不是因為害怕匯率在美國市場開盤前發生劇烈變動，造成你重大損失？

是的。

Q：你做外匯交易一向如此，還是因為吃過太多苦頭，才改變交易習慣？

我是一朝被蛇咬，十年怕草繩。

Q：這麼說來，你這種二十四小時都在密切注意國際外匯市場動態的交易方式，確實能夠幫助你避免遭受重大損失？

是的。舉例來說，我記得一九七八年底美元開始重挫，幾乎每天都創下新低記錄。當時我與布魯斯・柯凡納（Bruce Kovner）合作從事外匯交易，我們每天都要討論好幾個小時。有一天，我們注意到美元突然轉強，然而根據手中所擁有的資料，也無法解釋箇中原因。

我們在百思不得其解的情況下，只好儘量拋售手中所持有的外匯。後來，在那一週的週末，卡特總統宣布了一項支撐美元的計劃，才解開了我們心中的迷惑。假如我們當時等到美國外匯市場隔天開盤才拋售，就會賠得傾家蕩產。

這經驗證明了我們所堅信的一個原則，亦即國際外匯市場的大戶，包括各國政府在內，經常可以得到一些內幕消息。如果我們發現市場突然出現出人意表的變動，就應該當機立斷，馬上動作，事後再去尋找原因。

Q：那一次的市場變化我記憶猶深，外匯期貨市場在該項措施宣布之後，連續好幾天跌停板。你一定是在那一波行情的最高點出場的。

那一筆交易的確做得很漂亮。不過總而言之，重點是我認為美國政府在實施大政策之前，總會先通知歐洲各國央行，容許歐洲各央行在美國宣布政策之前，就開始動作，從而使得歐洲市場率先反映出該項政策的影響。因此，我覺得從事交易最好是在歐洲。

Q：我們再回來談談你的交易生涯。你放棄場內交易者的工作之後，又到哪裡去了？

我接到賀斯泰德的電話，他當時幫商品公司（Commodities Corporation）操作一筆基金。他建議我去商品公司擔任交易者。

商品公司當時的政策是僱用計量經濟學家來擔任交易者。當商品公司的董事開會，討論是否要僱用我時，他們的第一個問題是：「這個人寫過什麼文章？在哪些刊物登載過？」

Q：他們經營的目的不是要以交易來賺錢嗎？

他們認為除非你具有博士學位，否則無法替他們賺錢。不過，賀斯泰德最後終於說服他們給我一次機會。我想，我是他們所僱用唯一沒有博士學位的交易者。一九七四年八月，我進入商品公司擔任交易者，公司給了我三萬美元做為交易基金，大約十年後，我把這筆基金擴大為八千萬美元。

Q：是你將原來的三萬美元變成為八千萬美元，還是他們後來又陸續增加你的交易基金？

我做了幾年後，他們後來又給了我十萬美元。不過，之後他們總是從我這兒拿錢出去。商品公司當時仍在成長階段，公司一年要從交易者身上抽取百分之三十的稅，來支付成本。

Q：這麼說來，那時候每年至少要有百分之三十的獲利率，才能使你繼續維持帳戶不致縮水。由此看來，你當時一定操作得相當不錯？

我當年的平均年獲利率至少是百分之百。

Q：你做得最好的一年是什麼時候？

我最好的一年是在一九七九年。我搶搭上金價突破八百美元的那段行情。

Q：你掌握到整段行情嗎？

我不斷進出。那一波行情真是過癮。我買澳洲黃金，香港金價每英兩立刻上漲十美元，然後倫敦市場又會推升黃金上揚十美元，等到美國市場開盤後，每英兩就已經賺了三十美元。

Q：聽起來好像在海外市場購買黃金，比在美國市場容易獲利？

當時我住在加州，有許多方便之處，因為我在紐約同行還在蒙頭大睡時，先在香港金市進行交易。我還記得當時從電視新聞上得知蘇聯入侵阿富汗，之後我立刻打電話到香港，查詢香港的市場人士是否已經知道這則新聞。在我知悉香港金價並沒有任何變動，顯示香港還沒有收到這則新聞時，立刻買進二十萬英兩的黃金。

Q：這相當於兩千口合約啊！你在買進時，有沒有遭遇任何資金問題？

沒有，他們照樣接單，不過後來那些人都因此被炒魷魚。我上次去香港時還有人告訴我不該來，因為其中還有些人記得這件事。

Q：香港方面會不會以為你有什麼內幕消息？

不會。他們也許以為我瘋了，竟然瘋狂買進黃金。五到十分鐘之後，香港也得知了蘇聯入侵阿富汗的新聞，整個市場立刻沸騰起來，因此我的每兩黃金賺了十美元。

Q：實在難以想像你可以靠電視新聞來從事交易。

是啊！我以前也沒有如此做過，這是我一生中唯一的一次。

Q：那波行情是大起大落的局面，你是否及時出場？

是的。我大約是在每英兩七百五十美元左右的價位出場的，後來金價一度上漲到接近九百美元的水準。當時我還頗為難過，認為自己太早出場了。不過，在金價跌到四百美元左右時，心理上就好過多了。

Q：你在這一波行情中，如何判斷自己應該出場？

我有一項原則：當市場行情不合乎常理時，立刻出場。在那段日子裡，每當市況連續幾天漲停板，就會出現各種奇怪的狀況。因此，我在連續第三天漲停板的時候，就會非常小心，然後幾乎總是在第四天漲停板的時候出場。如果我有幸能捱過連續四天漲停，我也一定會在第五天漲停板的時候出場。

Q：你從一個失敗的交易者變成一個成功交易者的轉捩期，正是商品市場行情一片大好的一九七〇年代中期。你認為你之所以能成功，有多少是靠自己的交易技術，又有多少是靠市場行情的幫襯？

老實說，我認為我的成功是當時市場行情一片大好所造成的，因為只要你買進，就一定可以賺錢。在那段日子裡，有不少一夜致富的傳奇故事。

Q：不過，也有許多人根本守不住。

一點也沒錯。不過，我的運氣不差，當市場情勢變得比較艱困的時候，我已經成為一位相當傑出的交易者了。

另外，在那段時間，我也有幸能夠深入瞭解一個特定的商品市場——可可豆。我有將近兩年的時間只從事可可豆交易，因為得力於商品公司創辦人威瑪的資訊與協助。威瑪可以稱得上是可可豆專家，他也寫過一本有關可可豆的書，內容之深，我甚至連封面都看不懂。同時，他還結交許多從事可可豆生意的各類朋友。我透過威瑪和他的朋友，得以深入瞭解有關可可豆交易的專業知識。

Q：你專門做可可豆交易的日子顯然已經告一段落，怎麼回事？

威瑪後來退休了。

Q：我想威瑪如果要成為一個專業的交易者，可能不如你？

我們這麼說好了，我比威瑪善於利用他的資訊來從事交易。

Q：除了你早期那段不如意的日子之外，還有哪筆交易使你遭受重大打擊，而讓你永生難忘？

最悲慘的一次，是在我熱衷於外匯交易的那段期間。當時我大筆買進西德馬克，然而就在我買進沒多久，西德央行便決定要打擊投機性交易，結果我在五分鐘之內就損失了大約二百五十萬美元，於是我立刻出場，以免二百五十萬元的虧損擴大到一千萬美元。更悲慘的還在後頭，因為隨後我眼睜睜看著市場止跌回升，不但完全收復失土，而且還更上一層樓。

Q：市場止跌回升距離你出場隔了多少時間？你又進場了嗎？

大約半個小時。

沒有，我已經完全放棄這一波行情。

Q：現在回想起來，你覺得當時出場是一項正確的抉擇嗎？

是的。不過，我一想到只要我什麼都不做，就可以避免損失二百五十萬美元時，心裡就難過。

Q：你是否曾把交易所賺的錢拿去做別的投資，還是不斷只將老本反覆投入？

我做過一些差勁的投資，虧蝕不少老本。當我做大筆買賣時，一定有我的道理，因此我動用資金時也很大手筆。我曾坐擁約十幢房子，到頭來又全賠進去，有些甚至我還沒住過就轉手了；我有過一架私人飛機，後來也輸光了。我賺的錢中，一度有百分之三十要繳給政府，百分之三十用來養飛機，百分之二十用於房地產，最後我決定全賣了。

Q：聽起來好像你這樣聰明的交易者，也和凡夫俗子般的投資人一樣無知。

是的，我那時實在愣頭愣腦得不像話，一大堆的房地產（多數在加州）投資中，除了其中一筆外，其他全賠，能做出那樣笨拙的投資而還能存活的，我大概是絕無僅有的吧。

Q：你認為為什麼你那些投資其差無比？

我做每件事都是隨興而發，從不深入分析。

Q：也就是說你一直在重蹈覆轍、投入一無所知的領域，然後虧錢。難道你沒有任何警惕之心嗎？感覺上你似乎有一種自我毀壞的傾向，總在別處虧錢。

一點都沒錯，我賺的錢可能有一半虧在那些投資。

Q：在做這些笨投資的那段期間，難道沒有人拉你一把，告訴你：「你知道你在幹什麼嗎？」

有，我曾有六、七十名職員，但只要屬下說這些話，我就革他們的職。除了那些虧錢的生意外，我至少還能有不錯的收入能養活這麼多人；但平心而論，我賺的許多錢就這麼化為烏有。

Q：這些虧損是否曾受市場虧損的心理影響？我有此一問，是因為你談及這些投資虧損時，似乎無動於衷。

是的，看清自己有多笨實在很痛苦，但我已學會不要太過執迷於物質，把投資失敗當成教訓。我學會了不必在世界上每一處風光明媚的地方擁有房子，只要在那兒住旅館、漫步沙灘或天然步道即可。或者如果真要厚待自己，也可以租一架包機，而毋須擁有自己的飛機。

Q：對，這很有道理，但我是指你的交易如果同樣灰頭土臉，你會不會覺得更痛苦？你是不是沒有將你的自尊心放在這些其他的投資上？

是的，我相信鐵定是如此。至少我認為某件事我十分精明，我總覺得商品交易我十分在行，如果不是這樣，我可能早就改行擦鞋去了。

Q：你認為做一個超級交易者要有天份嗎？

我認為做一個頂尖交易者，確實需要天份，這就有點像是要做一個小提琴家一樣。不過，要做一個具有實力的交易者，卻可以憑著學習交易技術而辦到。

Q：你的交易生涯是經歷失敗而到達成功的。你對一個新手或是一個失敗的交易者有什麼建議。

我的建議是，對於任何一筆交易所投下的資金，都不要超過全部資金的百分之五。如此，你至少可以擁有二十次的失敗機會。我要強調的是每筆交易，如果你同時買進兩筆穀物，仍然算是一筆交易。我要建議，最好每筆交易都使用停損的策略，因為如此你才可以在商品價格跌到一定價位時出場。

Q：你每次在進場之前，都會先決定好出場的價位嗎？

是的。我必須這麼做。

Q：你每筆的交易金額過於龐大，實際上根本不可能設定一個停損點？

是的，不過我的經紀人可以幫我辦到。

Q：你是說你每次下買單時，同時也會伴隨一張限價賣出的賣單嗎？

是的。另外，如果你在下買單的時候，突然發覺市況不對，千萬不要不好意思改變主意，你應該立即抽回買單。

Q：你的意思是，如果在下了買單五分鐘之後，自己發覺市場情況不對，你也不應有「假如我這麼快出場，我的經紀人一定認為我是白痴」的想法？

正是如此，如果對市況不確定，不知道該怎麼辦，你最好立刻出場。畢竟，你還有再進場的機會。有疑惑的時候，乾脆就出場，回家睡個好覺。我常常這麼做，到第二天，一切自然都會明朗化。

Q：你有時是否會在出場後，立刻又進場？

是的。我通常是在出場後的第二天就進場。所謂當局者迷，旁觀者清。你只要一出場，就可以看得很清楚。

Q：你對新進的交易者還有什麼忠告？

也許最重要的是，你必須堅持手中的好牌，儘量減少手中的壞牌。假如不堅持手中的好牌，又如何彌補壞牌所造成的損失？

你必須堅守自己的立場與風格。我認識許多高明的交易者，可是我一再提醒自己：「如果我跟著他們的腳步從事交易，我就會大賠特賠。」每個人都各有長處和短處，有些人可以堅持手中的好牌，然而也會抱著壞牌不放；有些人則是太早放掉好牌，但壞牌也丟得很快。如果你只想把別人的交易風格與策略融合於自己的交易中，最後可能會變成一無是處。我就吃過這種苦頭。

Q：你這種觀念是不是因為你對別人的信心不如對自己的強？

是的。從事交易就必須要有勇氣承擔風險。如果你是那種「我做這筆交易是因為柯凡納也這麼做」的人，你對這筆交易就一定不會具有信心，這樣倒不如一開始就不要做這筆交易。

Q：你現在還經常與其他的交易者在一起討論嗎？

很少。每當我與其他交易者討論時，我總是提醒自己要堅守自己的主張。我的目的是從他們身上收集市場資訊，而不會受他們的意見所左右。

Q：我想就算與你討論的是一群非常傑出的交易者，你也不會改變你的論調。如果憑藉的不是你自己的主張，就會把你的交易搞得一團糟？

沒錯，要知道這個世界瞬息萬變，因此經常要捫心自問：「這個主張有多少人跟進？」無論如何，一定要顧及市場是不是已反應過這項主張。

Q：你怎麼有辦法評估？

可以用典型的量能指標，並且觀察市場的人氣。市場已經連跌或連漲幾天了？人氣指標顯示的狀況如何？

Q：你有沒有一些市場情況變調，當機立斷出場的實例？

最典型的實例之一，就是發生於一九七〇年代末期的黃豆期貨市場。當時黃豆市場行情由於供應短缺而一片看好。同時，每週一次的政府報告也顯示黃豆出口暢旺，更加強了黃豆價格的漲勢。我記得曾經接到一通商品公司同事打來的電話，他告訴我，根據政府最近公佈的報告，黃豆最近的出口情況非常優異，預期黃豆市場在未來三天會連續漲停。

我聽了以後有點懊惱沒有做大一些，第二天黃豆市場一開盤我便大量買進，而黃豆行情也不負眾望，在開盤後不久便告漲停。可是到了盤中，黃豆行情卻又打開，開始下跌。我心想：「黃豆不是應該連續三天漲停嗎？怎麼在第一天上午就無法維持漲停？」我立刻打電話給我的經紀人，叫他拋出黃豆。結果這次就是因為當機立斷，我才順利逃過一劫。

Q：你全部出清了嗎？

不只是那樣而已。由於我急著出場，忘記算賣出了多少，結果反而意外賣出過多而變成了做空，後來黃豆跌到四、五〇美分我才回補。這也是我唯一一次忙中有錯還賺到錢的經驗。

我也記得一次類似的狀況。當時棉花行情一片大好，棉花價格幾乎漲到一磅一美元的水準。某一天，政府報告公佈顯示，美國最近對中國輸出了五十萬包的棉花。這是我生平僅見的最大利多，可是棉花期貨市場第二天一開盤非但沒有如預期跳空漲停，反而小漲後一路下跌。

我還記得另一個有趣的例子。在某個物價齊漲的時期，其中有一天幾乎所有的商品皆告漲停，只有棉花在開盤漲停後，隨即又告下跌。而在收盤時，只比前一天收盤價微揚。那一次也是棉花的天價，棉花從此行情黯淡。

Q：這麼說來，如果各種商品行情普遍上揚，唯有你所持有的商品價格下跌，你是不是就應該立刻賣出？

假如消息面是利多，而市場行情卻沒有隨之上揚，那麼你最好就是做空。

Q：你認為有那些市場觀念是錯誤的？

我認為錯誤最嚴重的市場觀念是：「以為自己可依賴所謂的專家，來幫助你從事交易。」簡而言之，這些專家並不是交易者而是經紀人。聽取經紀人的建議來進行交易，很可能會讓你大賠特賠。從事交易需要本人完全的投入，你必須做好自己該做的事，這就是我的忠告。

Q：還有那些是錯誤的市場觀念？

最愚蠢的觀念就是相信市場上有所謂人為的操控。我認識世界上許多最厲害的交易者，而我可以肯定地說，形勢比人強，沒有誰真正能左右市場的走向，行情遲早終究會走出自己的方向。就算偶有例外，但這種例外的情況也不可能維持長久。

Q：你把你的成功，歸功於教你交易原則的塞柯塔與賀斯泰德。你自己是否也曾訓練過別的交易者？

有的，我的學生後來不但成為一位成功的交易者，同時也成為我的好友。他就是布魯斯．柯凡納。

Q：他的成功，有多少歸功於你的教導？又有多少歸功於他的才華？

我初識柯凡納時，他是位作家和教授，平常只利用空閒時間從事交易。不過即使如此，他在交易方面的專業知識卻相當豐富。記得初次和他見面時，我一再賣弄複雜的交易觀念來加深他對我的印象，可是以我一個每天要花十五小時從事交易和進行市場分析的專業交易者，所提出的任何觀念與問題竟然都難不倒他。我也因此見識到了他的本事。

Q：這是因為他的學識淵博。可是他有什麼特質讓你覺得他可以成為成功的交易者？

我想是因為他很客觀。一個好交易者絕對不能死板。假如你發現某人能以開放的胸懷接受世上的事，你就找到了一個具有成為交易者條件的人。我從柯凡納身上就發現這項特質。我第一次與他見面時，就知道他可以成為一個成功的交易者。而我所能做的只是述說我從塞柯塔與賀斯泰德那裡所學到的技巧，以及自己本身的交易經驗。我和他合作後，便開始飛黃騰達，成就斐然，有好幾年我獲利達百分之三百，他更高達百分之一千。他實在了不起。

Q：做為一個交易者，你在事業生涯中可曾遭遇低潮？

有的，一九八三年，我開始逐漸減少交易，因為我覺得自己需要充電。

Q：從事市場交易，勇氣有多重要？

勇氣非常重要。任何專業交易者都不能沒有勇氣。成功的交易者必須有勇氣嘗試，有勇氣接受失敗，更要有勇氣不畏艱難攀上成功的顛峰。

Q：十年或二十年後，你是否還會做一個交易者？

是的。從事市場交易太有趣了，我不會輕易放棄。

Q：假如每天從事交易十三小時，你還會覺得市場交易有意思嗎？

不會。假如生活中只有交易，那簡直就是一種折磨。不過假如能保持生活的平衡，市場交易就是一種樂趣。成功的交易者最後終會達成生活的平衡，他們都會去尋找市場交易以外的樂趣。如果交易者只專注於交易，最後一定會變得交易過度，或是被一時的打擊弄得心神不寧。

Q：當你遭遇挫敗時，都是如何面對的？

以前在交易賠錢時，我往往會大量加碼，希望反敗為勝，不過這種作法通常都不會成功。後來我改採減量經營的方法，直到完全出清為止。不過一般來說情形都不會那麼糟。

Q：你是否偶爾會硬拼？

有時候會。不過，乾脆中止交易結果可能都會比較好。我天性不服輸，因此要我認輸而中止交易並不容易。我每次賠錢的交易模式是：賠錢、硬拼、還是賠錢，然後才減量經營或中止交易。

Q：你在中止交易後休息時間通常是多久？

通常是三至四個星期。

Q：當你屢戰屢敗時，通常是因為摸不清市場，還是其他原因？

我認為屋漏就是會逢連夜雨，當你開始虧錢時，所有愁滋味全湧上心頭，導致凡事悲觀。

Q：很少有交易者像你如此成功，你認為自己有何特殊之處？

我思想開明，願意接受任何與我本性難容的資訊。例如我見過許多相當不錯的交易者，最後總是把賺到的錢全數吐出來，那是因為他們在賠錢時，都不願意停止交易。我在賠錢時會對自己說：「你不能再繼續作交易了。」另外，每當市場走勢與我的預測完全相反時，我會說：「我原本希望趁這波行情大賺一筆，不過既然市場走勢不如預期，我乾脆退出。」

Q：我想你也從事股票交易。你從事股票交易有多久了？

最近兩年才開始涉足股票。

Q：從事股票交易與期貨交易有何不同？

我操作股票更有耐性。

Q：你在選股方面，與期貨交易有何不同？

沒有什麼不同。我總是根據技術圖、基本面與市場大勢來決定交易的標的。我認為靠這種方式，做任何交易都行。

我比較喜歡小型股，因為吃人不吐骨頭的大型專業交易者大都不會互相廝殺這類股票。根據同樣的原理，我認為操作澳元要比操作西德馬克好，操作店頭市場的股票要比操作上市股票好。

Q：你是依據哪些基本面因素來選擇股票？

我大都是根據每股盈餘數字（EPS），以及我個人對該股在市場上發展潛力的直覺做為選股依據。如果該股的業務發展空間有限，就算每股盈餘相當高，也不足以成為交易標的。然而如果每股盈餘成長快速，同時該公司也頗具發展潛力，這支股票就相當具有吸引力。

另外，我也會看股票的本益比（P/E）。換句話說，當我看到某家公司的收益快速成長時，我也希望能夠瞭解市場到底會支付多少代價來購買這家公司每年的盈餘。

Q：這麼說來，你是希望找到每股盈餘維持高水準，而股價卻偏低的股票？

是的，這足最理想的狀況。

Q：你看不看相對強弱指標（RSI）？

相對強弱指標沒有什麼助益，它反映的是股票的過去式，當指標很強時，股價經常已經開始跌了。

Q：你選擇股票還會注意哪些事？

我還會注意產業動態。例如現在（一九八八年五月）由於我相信航運費率會提高，因此看好航運業。

Q：這是什麼原因？

供給與需求。航運費率有如商品價格，具有一定的週期。當船隻供應緊俏時，供不應求的情況就會促使航運費率上升，從而導致航運業者在獲利增多的情況下增加船隻。然而船隻增多，卻又會使得船隻供需情勢改變，導致航運費率下降。目前我們即是進入了航運費率即將止跌回升的循環週期。

Q：各商品市場之間，是否具有共通的行為模式。例如你能以交易債券的方式，來交易玉米嗎？

我認為只要會做某種商品的交易，其他任何商品交易也都難不倒你，因為交易的原則是相通的。交易其實只是情緒的表現，它包含了像是貪婪和憂慮等心理因素，而任何一種商品交易其實都是如此。

對大部分的成功交易者而言，早期會歷經失敗乃是通則，而不是例外。馬可斯的交易生涯儘管成就非凡，可是他在早期也曾經歷多次失敗。馬可斯的經驗告訴我們：「早期交易失敗只代表你在某些地方做的不對，並不能因此推測你以後一定會成為一位成功或失敗的交易者。」

在本次訪問中，我尤其感興趣的是，馬可斯雖然經歷多次失敗，可是他最慘痛的經驗，卻是提前從一筆獲利潛力極大的交易中提早下車。

把握大時機，乘勝追擊，是交易者成功的關鍵。馬可斯在訪問中強調，乘勝追擊和認賠了結同樣重要。他說：你必須堅持讓你手中的好牌持續為你賺錢，否則你一定無法彌補認賠了結所輸掉的錢。

馬可斯是經過了慘痛的教訓，才瞭解到過度交易的危險。在一次經驗中，他針對一個實際上並不存在的荒年進行穀物交易，結果他辛苦攢積的三萬美元，在一筆交易中就賠得精光。後來，他在木材期貨交易又重蹈覆轍。這些經驗對馬可斯的交易哲學產生了相當大的影響，也難怪他對交易者的第一個忠告，就是「任何一筆交易所投下的資金，都不要超過總資金的百分之五」。

另外，馬可斯也強調每筆交易設定停損價位的重要性。同時他也建議，當情勢變調，而自己又無法拿定主意時，最好立刻出場。

馬可斯也強調，做一個成功的交易者，必須靠自己下決定。他認為，聽別人的意見，最後往往只會讓交易變得一無是處。

最後，馬可斯相信，應該慎選交易時機。他建議，唯有等到市場各要件都支持同一個方向時，進場交易的成功機率才會大增。

布魯斯・柯凡納
BRUCE KOVNER

縱橫全球的交易者
The World Trader

布魯斯・柯凡納也許是當今舉世進出金額最大的銀行外匯與期貨交易者。他單單在一九八七年，就為自己及其基金投資人賺進三億美元。過去十年，他的平均年投資報酬率高達百分之八十七，也就是說，你在一九七八年初，只要投資柯凡納的基金兩千美元，十年後，你的投資就可以成長到一百萬美元。

柯凡納雖然是一位超級交易者，不過他本人卻極力避免成為一名公眾人物。他在接受我的訪問之前，不曾接受過其他任何傳播媒體的採訪。他後來對我說：「你也許奇怪為什麼我會接受你的採訪。」事實上，我的確有這樣的疑問，而我也一直假設他是基於信賴關係才同意接受我的採訪。在七年前，我與柯凡納曾有一段同事之誼，當時他是商品公司的首席交易者，而我在該公司擔任分析師。

柯凡納向我解釋：「我似乎難以躲避公眾的注意，但是一般傳播媒體的報導往往會誇大其辭與失真，而我認為你的採訪應該可以記錄我的真實面。」

光看柯凡納的外表，實在難以想像他會是一個經常進出數十億美元的超級交易者。他那睿智而自在的神態，總讓人以為他是一位大學教授。事實上，他在成為交易者以前，的確也是一位學者。

柯凡納從哈佛大學畢業後，便在哈佛大學與賓州大學擔任政治學教授。雖然他喜歡教書，卻並不熱衷於學術生涯。他說：「我不喜歡每天一大早面對稿紙，寫一些好像充滿智慧，其實是深奧難懂的哲理。」

在一九七〇年代初，柯凡納有意從公，參加了多項政治性活動，不過後來由於缺乏財力以及不善政治圈內的勾心鬥角，因此放棄了步入政壇的念頭。當時他曾任州政府與聯邦機構的顧問工作。

一九七〇年代中期，柯凡納把注意力轉移到金融市場方面。他認為，憑其正規政治學與經濟學教育的背景，應該可以在此一領域中闖出一片天地。後來他熱衷於研究世界金融情勢，進行有關的金融商品交易。他大約有一年的時間，完全浸淫於金融市場相關的文章與參考書籍。

柯凡納當時對利率方面的理論下過一番頗深的功夫。他說：「我完全被收益率曲線迷住了。」所謂收益率曲線（yield curve）是指公債收益率與其償還期之間的關係。例如長期公債收益率高於短期公債，五年期公債收益率高於一年國庫券，在圖形上顯示出來的收益率曲線就會呈向上攀升的局面。

柯凡納苦心研究利率市場時，利率期貨交易還處於萌芽階段，那時市場不太健全，價格扭曲的情形往往持續一段時間，不像今天如果發生價格扭曲，很快就會被套利交易者攻破。柯凡納說：

「當時利率市場不重要，花旗銀行或所羅門兄弟（Solomon Brothers）公司根本不屑一顧，但我可就不同了。」

柯凡納根據利率理論，發現利率期貨市場中較近月份期貨的價格總會高於較遠月份期貨的價格。較遠月份期貨之間價差幾近於零，而較近月份期貨之間差距較大。柯凡納的第一筆交易便是買進某月份的期貨，而賣出更遠月份的期貨。隨著時間的推移，買進的期貨與較遠月份期貨間的價差也就越來越大。

這筆根據理論所從事的交易相當成功，而柯凡納的第二筆交易也與同商品不同月份的價差有關。同商品不同月份的價差（Intermarket Spread）交易是在某商品市場中買進一筆期貨，而賣出另一筆不同到期日的期貨。在這筆交易中，柯凡納預期銅供應緊俏，會促使較近月份的銅期貨價格揚升，於是他買進較近月份的銅期貨，賣出較遠月份的銅期貨。雖然預測正確，但是他卻過早買進，最後只好認賠了結。儘管如此，他三千美元的賭本在經歷兩筆交易後，還是增加到四千美元。

柯凡納在談到他的第三筆交易時說：「第三筆交易才是促使我跨入交易者這一行業的關鍵所在。」

「在一九七七年初，黃豆市場供應持續短缺，我則密切注意七月份黃豆期貨與十一月份黃豆期貨的價差變動情況。我在十一月份黃豆期貨較七月份期貨溢價（Premium）約六十美分時，買進七月份期貨，賣出十一月份期貨，後來溢價擴大到七十美分時，我又加碼一筆合約。我是以金字塔交易法進行交易的。」

Q：你最後持有多少口合約？

我最後大約持有十五口合約，不過我在其間曾經更換經紀商。我原本在一家小型的經紀公司從事交易，這家公司的老闆是一位資深的場內經紀人，每天盯著我。那時候我大約已經持有十口到十五口合約。當時一口期貨合約的保證金是兩千美元，價差交易的保證金則只要四百美元。

然而這位經紀人卻告訴我：「你從事的價差交易和單純的期貨交易相同，因此保證金要從四百美元提高到兩千美元。」

Q：他顯然十分擔心你持有部位（net position）的風險。

是的。

Q：其實他並沒有錯。

是的，可是我非常生氣，於是我把帳戶轉到另一家經紀公司。這家公司的名稱暫且保留，至於原因我稍後會解釋。

Q：你生氣，是不是因為你認為他對你不公平，還是……

我不覺得他對我不公平，不過我認為他的作法對我的交易已經構成了障礙。我把帳戶轉到另一家較大的經紀公司，然而我卻在該公司選擇了一位不十分幹練的經紀人。當時黃豆行情持續上揚，我也一再加碼。我第一筆價差交易是在二月二十五日進行的，到四月一十二日，我的帳戶已增加到三萬五千美元。

Q：你只是在行情上漲時持續增加自己持有的部位，還是有一套計劃？

我有一套計劃。我總是等待價格漲到某個水準，然後回跌到某個特定價位後才加碼。

當時黃豆期貨市場行情一片大好，價格連續漲停。到四月十三日時，該商品價格更是創下新高紀錄。我的經紀人在當天打電話給我：「黃豆行情正在飆漲，看來七月份期貨會以漲停收市，而且十一月份期貨也會跟進。你賣出十一月份期貨實在傻。我看還是讓我幫你回補十一月份期貨，這樣你就可以在未來幾天多賺一點錢。」我同意了，於是我們開始回補十一月份期貨。

Q：你把當初所有賣出的部位又全部補回來嗎？

是的。全部都補回來。

Q：你是在毫不猶豫的情況下立即下決定的嗎？

我想我是鬼迷了心竅。十五分鐘後，我的經紀人慌張地打電話過來說：「我不知道應該怎麼告訴你才好，黃豆市場看來要以跌停收市了，我不知道是否能確保你及時全身而退。」一我簡直嚇呆了，我大叫著要他趕快幫我出場。

Q：你最後是否在跌停板才出場？

我是在接近跌停板的時候出場的。讓我告訴你，我的損失有多大，在回補十一月份期貨而只持有七月份期貨時，我的帳面上原本有四萬五千美元，但在收市時只剩下二萬兩千美元。我深受打擊，簡直無法相信自己竟然如此愚蠢。只為貪圖蠅頭小利，就把自己多年來對市場的研究心得完全拋到腦後，為這件事情我有好幾天都食不下嚥。

Q：可是你還有二萬兩千美元，與你當初的三千美元相比，仍然好很多。

你說的沒錯。可是……

Q：你之所以情緒大壞，是因為你做了愚蠢的決定，還是因為心痛輸錢？

絕不是因為錢的緣故。我想是因為這次經驗終於使我明白，交易者總會有「瘋狂」的時候。在這件事情發生之前，一切事對我都很順利。

Q：你在一帆風順的時候，是否覺得一切都很容易。

是的，的確很容易。

Q：你當時可曾想過，市場行情也有背棄你的一天？

沒有。我當時決定回補，就證明我根本沒考慮到風險問題。我想我最難過的是，我終於明白市場大勢變化多端，它可以載舟，也可以覆舟。不過事實上，我最後還能剩下二萬兩千美元，已經算是不幸中的大幸了。

Q：我相信你後來當機立斷決定立刻出場，讓你逃過了一劫。

是的。在那天之後，市場持續重挫，幾近崩盤。我常常在想，如果那天我沒有因為犯錯而出場，也許我的遭遇會更慘。

Q：這筆價差交易結果如何？

失敗了。七月份黃豆期貨價格也告下挫。

Q：由於你是在黃豆價格和價差達到最高檔的那一天軋平部位，即使沒有退場的決定，你的獲利也會折損。

可以這麼說，但對我來說，那是一筆讓我「一敗塗地」的交易，雖然離一敗塗地還差一點，不過心理上我自認已經是了。

Q：這是你交易生涯中最慘痛的一次經驗嗎？

是的，影響所及既深且遠。

Q：但你還是靠這筆交易賺進不少吧！

我靠這筆交易賺進了六倍於本金的利潤，但那是因為我採用了極高的槓桿。我當時根本不清楚自己承擔了多大的風險。

Q：經紀人打電話來說，市場將以跌停收市後，你是由於驚慌，還是在控制風險的直覺下決定賣出的？

我也無法確定。當時我所面對的情況是市場走勢和我的分析預測完全相反，而我又找不出任何原因。直到今天，只要市場情況與我分析有所出入，我就立刻出場。

Q：你能舉出最近發生的例子嗎？

一九八七年十月十九日，也就是爆發全球股市大崩盤的那一天。因為摸不透導致市場發生劇變的原因，我於是在十九日與二十日把手中全部的部位抛出。從事交易的第一條原則，就是千萬別讓一個摸不透箇中原因的市場變化逮個正著，讓自己糊里糊塗地遭受重大損失。

Q：我們言歸正傳，你是在那筆黃豆交易之後多久，才又再度進場交易？

大約一個月之後。幾個月之後，我的帳戶又恢復到約四萬美元。後來，我去應徵商品公司助理交易者的工作，記得是由麥可‧馬可斯面試的。在面試結束的幾個星期後，馬可斯叫我再去一趟商品公司。他告訴我：「我要告訴你一個好消息和一個壞消息，壞消息是我們不打算僱用你擔任本公司的助理交易者，好消息是我們決定請你做我們的交易者。」

Q：商品公司給你多少資金從事交易？

二萬五千美元。

Q：你為商品公司交易期間，是否曾接受馬可斯的指導？他對你的影響有多大？

是的。他對我的影響相當大。我從他身上除了學到交易要有節制外，另一件非常重要的事是，你必須願意嘗試錯誤，錯誤並沒有什麼了不得。馬可斯教我必須運用自己的判斷力做出交易的決定，如果判斷錯誤，再接再厲。只要你能完全投入，一定會有成功的一天。

Q：你是舉世間少數幾位成功的交易者之一，你與其他交易者有何不同之處？

我無法解釋為什麼有些交易者會成功，有些卻會失敗。至於我自己，我認為我具有兩項相當重要的特質。第一項是對於市場未來走勢具有廣大的想像空間，並且深信不疑，例如我相信黃豆價格有朝一日會漲到目前水準的二倍；美元會跌到一美元兌一百日圓以下。第二項則是我能在壓力下保持理性和節制。

Q：交易技術的獲得，是否可以靠訓練？

可以，不過只能在某個範圍之內。多年來，我訓練了將近三十位剛出道的交易者，不過，其中只有四至五位成為成功的交易者。

Q：至於其他的二十五位呢？

最後都被淘汰出局。不過這與智力沒有任何關係。

Q：在你的學生當中，最後獲致成功的人，他們和被淘汰出局的有何差異？

他們堅毅、獨立，而且頗有主張。他們敢在別人不敢進場時進場，同時他們也會節制自己的貪念。野心太大的交易者最後總會把交易弄砸，而且永遠無法保住所賺得的利潤。商品公司就有一位如此的交易者，我不便提出他的姓名，他的聰明才識之高是我畢生僅見，他判斷市場準確無比。然而我能賺錢，他卻不能。

Q：他犯的錯誤是什麼？

他的野心太大。我作一口合約，他卻要作十口，最後不但沒有賺錢，反而虧了本。

Q：你都是根據基本分析來做交易的決定嗎？

是的。我不會只靠技術面資訊從事交易。雖然我經常使用技術分析來幫助我進行市場判斷，但是除非我瞭解市場變動的原因，否則我不會輕易進場。

Q：這樣說來，是不是你的每筆交易背後必定都有基本面因素的支持？

可以這麼說。不過我要補充，技術分析通常可以使市場的基本面情勢更加明朗化。舉例來說，去年上半年有人說加元會升值，也有人說加元會貶值，而我根本就無法判斷加元的走勢。不過如果硬逼我做選擇，我會選擇加元貶值。

後來美加貿易協定簽署，市場情況改觀。事實上，在美加貿易協定簽署的前幾天，加元就已經開始揚升，而我直到這時候，在市場大勢逐漸明朗的情況下，才敢斷言加元將會上揚。

在美加貿易協定之前，我覺得加元已經漲到高價水準，因此無法確定加元會上揚，或是下跌。我也只有等待市場變動，然後再跟隨市場變化的方向做動作。我之所以如此，主要是因為兩項關鍵性的判斷，一項是市場的基本面產生變化（雖然我不能確定這個變化對市場情勢可能造成的影響）。另一項則是市場的技術面顯示加元已經突破上檔壓力區。

Q：你所謂不能確定市場基本面變化對價格走勢會造成何種影響，這究竟是什麼意思？基本上，美加貿易協定對加拿大的重要性遠高於美國，這不就顯示該項協定的簽署對加元應該算是一個利多消息嗎？

並不一定完全是利多，我可以從利空的一方面來解釋。美加貿易協定取消了雙方之間的貿易障礙，這意謂美國產品將可長驅直入加拿大市場，對加拿大經濟不利。我舉這個例子的重點是要說，市場上有許多消息遠比我靈通的交易者，他們知道加元會上揚，因而先行買進。我只是緊跟在他們之後，搭上加元上漲的第二班列車而已。

Q：這樣說來，這是不是表示當市場基本面產生變化，技術面最初的變動方向往往就是市場長期趨勢所在？

一點也沒錯。市場上的領先指標往往是那些消息遠比你靈通的市場人士，例如蘇聯就是。

Q：蘇聯在哪些市場算是領先指標？

在某種程度來說是匯市以及穀物市場。

Q：我們怎麼知道蘇聯的動作？

蘇聯都是透過商業銀行與經紀商進場操作，因此我們大都可以打聽得出來。

Q：蘇聯連國內經濟都無法掌握，但在國際市場上卻是一個高明的交易大國，聽起來是不是有點矛盾？

是的，不過事實的確如此。

Q：這是什麼原因？蘇聯到底是怎麼辦到的？

我們同業間流傳著一則笑話，就是蘇聯可能偷拆了我們的信件。不過事實上，蘇聯以及其他國家政府的消息的確非常靈通。原因很簡單，因為他們擁有全球頂尖的情報網，而且眾所皆知，蘇聯具有監聽全球商業通訊的技術與能力。這也就是為什麼有許多商品交易公司在打機密電話時總是小心翼翼，甚至裝設反竊聽裝置。

我要強調的要點是，影響市場的因素千頭萬緒，交易者難以全盤掌握。而唯一可以左右交易大局的，就是大筆進出的交易。

Q：你所強調的要點，是否就是解釋技術分析有其合理性的基本原因？

我對技術分析的看法是：有些技術分析相當具有可信度，然而也有很多根本就是胡說八道。

Q：這是一個很有趣的說法，哪些技術分析具有可信度，哪些又是鬼扯？

有些技術分析師宣稱可以用技術分析預測市場未來走勢。這根本是不可能的。技術分析只能用來追蹤市場過去的軌跡，而不能預測未來。你必須運用智慧，根據市場過去的走勢與變化，來判斷下一步會怎麼走。

對我而言，技術分析有如體溫計。光靠基本分析，而不注意市場走勢的相關圖表，就如同醫生為病人治病，而不替病人測量體溫一樣荒謬。假如你要完全掌握市場情勢，你必須瞭解市場大勢所趨，亦即市場行情是旺盛還是清淡。你必須知道有關市場的一切資訊，才能在進場時佔到優勢。

技術分析不但可以反映市場大勢所趨，也可能突顯市場異常的變化。以我而言，研究市場價格走勢圖是一項非常重要的工作，我可以靠它判斷市場未來可能發生的變化並預做準備。

Q：當你在研究市場價格走勢時，是否會因為這種走勢似曾相識，而且根據以往經驗顯示，這種走勢通常是市場行情上漲的前兆而進場交易？我的假定是，即使沒有基本面的因素支持也是如此？

有時候會這麼做。不過我必須補充，只有經驗豐富、見多識廣，而且不會因為突如其來或無法瞭解的價格變動而受到震驚的交易者，才能夠做出如此大膽的行動。

Q：你是否通常都在價格向上突破時採取這類行動？

是的。

Q：可是市場價格向上突破往往都只是假象而已。

價格密集盤整之後的突破，通常是值得冒險的交易機會。

Q：假設市場價格是因為受當天華爾街日報一則報導的影響而向上突破，是否也能算是值得冒險的交易機會？

你所舉的例子與我所說的關連性並不大。如果說玉米價格已經密集盤整了一段時日，而它又因為華爾街日報報導玉米市場可能供貨短缺而向上突破，這種價格上揚的局面通常不會維持太久。但是如果大家都認為玉米價格沒有上漲的原因，而玉米價格卻向上突破，造成玉米價格上揚的這種力量就可能相當大。

Q：你是說市場價格向上突破的原因越難讓人理解，後市就越好？

我的確如此認為。如果市場價格走勢是投機人士炒作的產物，走勢型態通常就只是一種假象。當市場價格走勢不受投機人士青睞時，技術性突破就越有意義。

Q：目前市場人士大量使用電腦的走勢追蹤系統來從事交易。這種情況是不是會導致市場價格技術性假突破顯著增加？

我認為確實如此。目前市場上有數十億美元的資金是根據技術分析來決定進出的。這類系統大都使用如移動平均值等簡單的辨識方法來進行交易，然而這種方式會製造出許多市場假象。其實，我也設計了一套類似的技術分析系統來瞭解其作用。如果市場行情受到技術分析系統進出數十億美元的影響，其意義絕對不會比蘇聯大筆買進的意義更重大。

Q：如果你是在市場行情密集盤整後向上突破時才進場，然而市場行情又告疲軟，也就是說價格又跌回到盤整的價格區。你怎麼知道該在何時出場？你怎麼區分市場行情只是暫時回檔，還是進入長期疲軟不振的階段？

每當我進場時，總會預先設定停損價格。這是唯一可以讓我安心睡覺的方法。也就是說，在進場之前，我就已經知道自己該在什麼時候出場，不過我總是把停損點設在技術性關卡以外的價位。

Q：其他人設定的停損價位是否會與你相同？

我從來沒有考慮過這一點。我總是避免將停損點設在市場行情可能輕易達到的價位。如果你的分析正確，市場行情絕不可能會回檔到停損價位。有時候在設定停損點時，我根本就認為市場行情很難輕易達到這個水準。

Q：你依靠什麼來斷定自己的交易失敗？設定停損點可以減少虧損，不過如果你深信這筆交易的基本面看好，我想你一定不會輕易就此罷休。假設你的基本分析結果其實是與市場大勢背道而馳，你要到什麼時候才會放棄這筆交易？

首先，虧損本身就會提醒我要減量經營。其次，就如你所說，就算我認為我的基本分析正確，但技術面也會提醒我應該三思而後行。比如說我看壞美元行情，但是美元匯價卻突破某個中期技術性關卡，在這種情況下，我就會重新考慮自己對市場的看法。

Q：你前面曾經提過，你自己也設計過一套技術分析系統，用以追蹤類似系統進出數十億美元的動向。你會使用這套系統從事交易嗎？如果會的話，你的基金中有多少是用這套系統進行交易的？

會的。根據這套技術分析系統進出的資金大約只佔我基金總額的百分之五。

Q：難道這就是你對技術分析系統的信心嗎？

總體而言，我的技術分析系統可以替我賺錢，但是基於風險管理與市場波動等因素，我只用少量的資金根據這套系統進出。

Q：你認為是否可能發展出一套可以和傑出交易者媲美的電腦交易系統？

我認為不可能，因為這套系統必須具有高度的學習功能。電腦只有在資訊條理清晰、層次分明並有前例可循的情況下，才能「學習」。

例如用於醫學診斷的專家系統之所以能夠開發成功，是因為資訊的條理分明。可是開發交易專家系統的最大問題，就是交易與投資的遊戲規則變幻莫測。我曾經和一些電腦專家合作，試圖發展一套交易專家系統，最後我們一致認為發展這套系統並不適宜，因為資訊不僅多樣化，而且也經常在改變。

Q：是不是由於目前的交易規模遠大於從前，因此你現在從事交易也比以前艱難？

現在能夠提供充分流動性的市場越來越少。

Q：你現在管理的資金有多少？

在六億五千萬美元以上。

Q：我想其中有一半以上都是靠資本增值而來的吧？

是的，我去年獲利就有三億美元左右。

Q：哪些交易會因成交筆數不足而很難做？

我經常喜歡舉的一個例子是銅。

Q：像銅這樣的市場，操作規模應該在多大以內，才不至於會有問題？

每天進出五、六百筆應不難，高過此數就有些難。銅市每天成交筆數約七千到一萬口合約，其中很大一部分是本地對作或價差交易。相對地，債券市場你一天進出五千筆也不成問題，在拆款市場中也可以大進大出。

Q：像咖啡豆期貨成交筆數不大，價格瞬息萬變，你也做嗎？

有，我去年做咖啡豆，而且還賺了好幾百萬美元。現在如果我管理六億美元資金，即使從咖啡豆交易賺進二億美元，也不表示多了不起。事實上做咖啡豆也不是一本萬利，因為我所投入的時間、精力，會分散我對匯市的注意力，而我涉入匯市極深。

Q：你能管理的資金有沒有實際上限？

對大部分的商品期貨而言當然有；然而，外匯、利率和石油等一些商品雖有上限，但上限很高，我打算非常小心管理資金未來的成長。

Q：如果你投入成交量不很大的市場，例如債券或外匯以外的市場，所下的單實際上會不會影響市場走勢？

會，但我從不刻意左右市場。

Q：談到這一點，市場上常聽到有些大戶在左右價格，這樣做真的能奏效嗎？

我不以為然，短期內或許有用，但最後終究會嚴重犯錯。如果因為自大而背離市場技術面與基本面的結構，自以為能操控市場，結果就會因為做出超出能力的交易而傾倒。

Q：你可能是世界上管理最多錢的交易者，怎麼應付虧損時的情緒煎熬？

交易的心理壓力很大，任何一天我都可能虧損數百萬美元，如果把虧損與個人情緒混為一談，就不能幹這一行。

Q：交易虧損會對你造成困擾嗎？

目前唯一令我煩心的就是資金管理不善。從事交易常常會遭遇相當大的虧損，不過只要交易方式穩當，我就不擔心。像早期我回補十一月份黃豆的那種交易才會令我害怕。不過我從那次經驗中學到了控制風險的技術。現在我每天都在進出，虧損是很正常的事。

Q：在你的交易生涯中，可有不如意的時候？

有的。我在一九八一年虧損約百分之十六。

Q：這是因為你自己的錯誤，還是應該歸咎於市場本身？

兩者都有。當時的商品市場是我從事交易以來遭遇到的第一個大空頭市場。空頭市場與多頭市場有許多相異之處。

Q：這是否因為市場經常屬於多頭，而使你掉以輕心？

不是。空頭市場的最大特色，是在行情大幅下跌後又告反彈。我總是出場太晚，要不就是在反彈時進場太晚而以停損出場。

Q：你在那一年，還犯了什麼錯誤？

資金管理太差，相關交易也做得太多。

Q：你的信心在那一年是否為之動搖？你是否因此而暫時收手？

我後來暫時收手，設計了許多風險管理系統。我很注意我持有部位的相關性。從那時候開始，我每天都會評估我持有部位的市場風險。

Q：你從事的外匯交易是銀行間市場交易還是期貨市場的交易？

我只在銀行間市場從事外匯交易，除非我想利用國際貨幣市場（IMM）從事套匯交易。IMM是芝加哥商品交易所（CME）的附屬機構，同時也是全球最重要的外匯期貨交易所。銀行間市場的流動性比較高，交易費用比較便宜，同時它也是一個二十四小時的交易。這一點對我非常重要，因為我是一天二十四小時都在從事交易。

Q：在你的交易中，外匯交易佔多少比例？

平均來說，大約有百分之五十到百分之六十的收益都是來自外匯交易。

Q：我想你交易的外幣種類應該超過國際貨幣市場所提供的五種外幣吧？

只要是流動性高的外幣我都交易。事實上，幾乎所有歐洲貨幣（包括斯堪地納維亞半島國家）、所有主要亞洲國家貨幣和中東國家貨幣都是我交易的對象。另外，交叉匯兌（Cross）可能是我最重要的交易方式，而這種方式在IMM根本不能使用，因為合約金額是固定的。

（交叉匯兌涉及兩種外幣，例如買進英磅，並賣出以美元計價等額的西德馬克。）

Q：但是你可以根據兩種不同貨幣合約金額的大小調整買進及賣出的合約數？

的確，但是在銀行間外匯市場更容易做到。

Q：我想你從事交叉交易，都是以美元為計價單位吧？

沒錯。你只要說：買進一億美元西德馬克，賣出一億美元日圓就行了。在銀行間外匯市場，美元是國際通用的計價單位。

Q：如果突發狀況發生或美國公佈的經濟數字與預期差距太大，使外匯市場價格劇烈震盪，銀行間外匯市場的價格波動會比外匯期貨市場小，還是套利人士會讓這兩個市場保持緊密的關連性？

套利人士在這兩個市場從事套利交易，會使這兩個市場維持相當的關連性。

Q：銀行間外匯市場對突發事件的反應是否比較不極端？

是的，因為外匯期貨市場經常會發生場內交易者停損出場的情況。這時候只有靠套利人士進場來維持市場的穩定。

Q：為什麼外匯期貨市場無法在外匯交易上扮演重要角色？

外匯期貨市場不是一個有效率的市場。運用外匯期貨市場從事對沖交易（hedging）經常會受到合約到期日及金額的限制，但銀行間外匯市場就不會如此，一切都可以根據自己的需要和銀行談。

Q：那麼外匯期貨市場就無法和銀行間外匯市場競爭了，是嗎？

是的。

Q：請你談一談你的基本分析法，你如何判斷市場的合理價位？

我假設當天的市場價格就是合理的價位，而我只研判哪些因素發生會導致價格波動。高明的交易者應該能夠提出各種可能變化的假定。我會在心中繪出在全球可能發生的狀況，然後等待事態的演變予以證實。當然，這些假設狀況最後大都不可能實現，但你會突然發現其中之一與現實世界相仿，這也就是現實世界印證了某個假設。

舉例來說，在著名的「黑色星期五」全球股市大風暴爆發當天，我嚴重失眠，我也確信當晚失眠的交易者絕對不止我一位。接下來的一週，我不再假設本週可能發生的事以及這些事對美元的影響。我試著從各種角度提出假設，其中之一就是全球金融市場會完全陷於慌亂當中。

在這種情況下，美元將會成為維護全球金融秩序的避風港。這也就是說美元將會因此大幅上揚。後來果然不出我所料，在那一週的週二，全球各地的資金的確從其他市場抽出轉投入美元而使美元劇揚。在往後的二天，美元行情持續揚升，直到週末才開始回跌。

到這時候，我開始明白我的假設已經獲得證實，而我也相信，美國為維護本身的利益，例如防止貿易逆差擴大，勢必會進場干預美元打壓行情。

Q：你到週五才明白你的假設獲得證實，在這時候才採取行動，是不是太晚了？

是的。那個週末我真是度日如年，因為我知道美元在下週一開盤就可能會重挫。我一直在等美國當地時間週日晚間遠東匯市的開盤。

Q：你有許多外匯交易都是在美國以外地區進行的嗎？

是的。第一，我不論到那裡都會攜帶全球匯市行情顯示器。第二，我有一位助理二十四小時全天候值勤。

Q：你是不是要求你的助理在匯市行情發生重大變化時立即通知你？

沒錯。首先，我們會訂定行情當天可能波動的範圍，如果行情超出這個水準，我的助理就會立刻通知我。

Q：你是否常常會在半夜接到助理的電話？

我常和　位助理交易者開玩笑，說一年只准他吵醒我兩次。不過這種情況並不常發生，而且也沒有必要。我家裡裝有匯市行情顯示器，因此我隨時都可掌握匯市的變動。此外，助理交易者的主要工作之一，就是半夜起來接電話。有時候他會在一個晚上被電話吵醒四到五次。

Q：你是說你把晚間的交易授權給助理交易者來作？

我們至少每週做一次類似的沙盤推演，假設各種可能發生的情況以及應對之策。

Q：這麼說，你的助理知道應該怎麼做，比如說某種外幣跌到一三五……

是的，他知道該買進還是該賣出，這些交易決策其實事先就已經安排好了。不過如果是重大突發狀況，例如某國總理辭職或是某國政府將其貨幣貶值，助理還是會立刻通知我的。

Q：你顯然沒有辦法無時無刻都在交易，究竟你是怎麼支配工作時間與個人生活？

我通常只在上午八點到下午六、七點之間交易。遠東市場很重要，如果外匯市場交投非常活絡，我會在遠東市場做。遠東市場在本地時間下午八時開盤，東京市場上午盤直到本地時間午夜十二點才告段落，如果市場走勢劇烈震盪，我就先睡上幾個小時，等下個市場開盤再來做，這樣子很有趣，也很刺激。

Q：你認為跟隨大師的指示操作能獲利嗎？

有可能，但我認為賺錢還是要憑自己的本事，仰人鼻息很難有成。

Q：你曾經提到控制風險的重要性，以及對所持有部位應具有信心的必要性。你認為每筆交易所應承擔的風險有多少？

首先，我會盡量把每筆交易的風險控制在投資組合價值的百分之一以下。其次，我會研判每筆交易的相關性，進一步降低風險。我每天都會做電腦分析，瞭解持有部位的相關性。隨著經驗的累積，我瞭解在持有部位相關性方面所犯的錯誤，可能會引發重大的交易危機。假如你持有八項相關性極高的部位，這無異於從事一筆規模與風險為原來八倍大的交易。

Q：這是不是說，假如你同時看好西德馬克和瑞士法郎，你就會從其中選擇一種自己比較喜好的幣別來做多？

一點也沒錯。但更重要的是，做多某種貨幣，一定得同時放空其他貨幣。

Q：西德馬克和日圓交叉匯率的變動速度會低於單一幣別匯價的波動嗎？

這也不盡然，例如最近英鎊兌馬克的交叉匯率一度在二點九六與三之間波動，一個月前才突破三的水準。可是它在突破前，由於英國央行的干預，曾有二十次進攻三的關卡而失敗的紀錄。後來英國央行終於棄守，而交叉匯率衝上三點一時，根本就沒有成交。事實上，直到交叉匯率漲到三點〇三五〇時才有成交紀錄，因此英鎊兌馬元交叉匯率等於是足足上漲了百分之一，才有交易。

Q：這對銀行間市場來說，是不是相當反常的情況？

是的，這意味著每個人都在觀察三的價位。當大家瞭解英國央行不會再度干預時，就沒有人願意賣出英鎊了。

Q：你認為交叉匯率所能提供的交易機會優於單純的美元交易嗎？

是的，因為很少有人會注意到交叉匯率。越少人注意，交易的機會就越好。

Q：你的交易風格包含了基本分析和技術分析，假使我告訴你，柯凡納，我們要把你關在房間裡，你只能從基本面的市場資訊與技術面的統計圖表中選擇一項來從事交易，你會選擇那一項？

這等於是要求醫生只能用診斷或體檢表為病人治病。事實上，兩者都有需要。不過，如果一定要選擇其一，我認為基本面的資訊比較重要。在一九七〇年代，光靠技術分析就可以賺錢，不過當時市場上並沒有充斥所謂技術性假突破的現象。然而今天，幾乎每個投資人都是技術分析專家，而且也出現許多技術性交易系統。我認為這種轉變會使得偏重技術面的交易者更難以從事交易。

Q：讓我們把話題轉到股市，你認為股市與其他金融市場在本質上有何不同？

股市走勢經常出現短期反彈或回檔。行情上漲後總會下跌。然而商品市場走勢則是根據實質商品的供需來決定。如果市場供應短缺，價格一定會呈現持續上揚的走勢。

Q：如果股價指數期貨的波動比較劇烈，是否仍然可以運用技術分析來操作？

或許可以。通常較長期的操作方式往往可以捕捉到股市上揚的大波段，只是停損價格的範圍要設得大一點。

Q：為了避免短期回檔，你必然著眼於捕捉長期走勢囉？

在股市我比一般交易者更能長期持有，甚至在大幅回檔時也盡力不出場。

Q：有人把一九八七年十月全球股市風暴歸咎於電腦程式交易，你的看法呢？

我認為那次股市崩盤牽涉到兩個因素，一個是股市行情已經漲過頭，因此難以承受利率調升以及其他基本面因素所引發的壓力。另一個則是退休基金運用所謂投資組合保險的操作方式大量殺出持股，因而引發賣壓。

Q：成為一個超級交易者，是否要靠天分？

就某方面來說，是的。因為畢竟不是每一個人都能成為超級交易者，交易是一種零和遊戲。

Q：要做一個成功的交易者，天分與努力孰輕孰重？

假如你不努力，絕對不可能成為成功的交易者。

Q：有沒有交易者可以光憑直覺而獲致成功？

光靠直覺最多也只能維持短暫的好光景。我聽說過許多成功來得快去得也快的交易故事。市場上常常會有如某人猜中砂糖價格會上漲到四十美分，或猜中各月份銅期貨價差會擴增的事情發生。例如我就聽說有一位交易者去年因為猜中各月份銅期貨價差會大幅擴增，而賺了兩千七百萬美元，可是他後來又全都賠光了。

Q：你對新進的交易者有什麼建議？

我要強調，必須先學會如何控制風險。其次，少量經營是我第二個建議。不論你認為你所持有的部位應該有多大，都應該再減少一半。根據我的經驗，新手的野心都太大，往往會持有應持有部位的三到五倍，結果導致每筆原來只應擔負百分之一到百分之二風險的交易，卻承擔了百分之五到百分之十的風險。

Q：除了交易過量之外，新進交易者最常犯的錯還有那些呢？

把市場擬人化。市場並不具有人格，它絕不在意你是否賺錢。假如有一位交易者常說：「我希望市場如何、如何……。」這也就無異於憑自己的喜好進出市場，最後終將自毀前程，因為他顯然已放棄了對市場的警覺性。

我經由這次訪問，對於柯凡納的分析能力佩服得五體投地。直到現在，我都想不通，他是如何騰出時間分析各國錯綜複雜的經濟情勢，更遑論將這些分析整合成一幅完整的圖畫。很顯然地，柯凡納高明的基本與技術分析技術，絕非一般的交易者所能望其項背。不過柯凡納似乎有一些交易方法是一般交易者學得會的。

柯凡納把風險管理列為交易成功的第一要件，他本人總是在買進前就先決定出場的時機。同時他也強調，應該以整個投資組合來評估風險，而不是根據個別的交易來評估。這個觀念對於具有高度相關性的交易尤其重要。

在柯凡納的訪問中，令我印象最深刻的，乃是他設定停損的方式。他說：「我總是避免所設的停損價位能讓市場行情輕易達到……。」憑藉如此的方式，柯凡納儘可能減少了被迫出場的機會，而且也能有足夠的時間等待市場行情反彈。這種方式的精髓是：如果市場行情真的到達停損點，這顯然表示該交易犯了錯誤。由此可知，設定的停損價格應不只是表示每筆交易應該承擔虧損的最大金額。這個方法背後的哲學，是利用拉大的停損區間，在買進較少合約前先決定最大的風險。此方法與一般交易者的實際作風相反，一般交易者每筆合約都要減少虧損，但卻儘量買進合約，以致在市場走勢回到預期途徑前就被迫停損賣出。

柯凡納最糟糕的一筆交易是肇因於過分衝動。根據我個人的經驗，從事交易最具破壞力的錯誤，就是過分衝動(請不要與直覺混為一談)。任何人從事交易都應根據既定的策略方向前進，千萬不要因為一時衝動而倉促改變策略。例如因為朋友的推薦而買進一筆未經計劃的期貨合約，或只因為市場行情一時不振，而在價格尚未觸及預先設定的停損點之前就匆促出清所持有資產的部位。

最後，柯凡納認為，一個成功的交易者應該具有堅毅、獨立、自我主張的個性。他並且也強調，承認與接受失敗是成為一個成功交易者必經的過程。

理察・丹尼斯
RICHARD DENNIS

傳奇人物
A Legend Retires

理察・丹尼斯是在一九六〇年代末期踏入商品交易行業的。當時，他只是交易所營業廳內遞單的小弟，賺取微薄的薪水。一九七〇年夏天，他決定自立門戶，於是向家人借了一千六百美元，在美中交易所（Mid America Exchange）買了一個會員席位。

美中交易所是一個小型的交易所，合約規模小於其他各主要交易所。不過，由於其每筆合約金額較低，因此比較能夠吸引到資金較少的掮客與投機客。對剛出道而且資金不多的丹尼斯來說，美中交易所是再適合不過的了。此外，美中交易所也是丹尼斯唯一能買得起會員資格的交易所。

美中交易所的會員資格花了丹尼斯一千兩百美元，他的可運用資金因此只剩下四百美元。說來令人難以置信，丹尼斯最後竟然把這一小筆資金變成一筆約為兩億美元的財富。套句他父親說的話：「我們這麼說好了，理察很會運用這四百美元。」

儘管丹尼斯是一位頂尖的交易者，但他也經歷過幾次重大的挫敗。其中一次是在一九八七年底到一九八八年初，丹尼斯基金損失的金額高達百分之五十，而他私人的帳戶也遭逢相同的命運。正如他寫給投資人的公開信所述：「我個人的損失與您所遭遇的損失一樣慘重。」

也許這就是丹尼斯成功的原因，即對重大挫敗絲毫沒有情緒化的反應。很顯然地，他已經能適應重大挫敗，而只是將它視之為交易生涯中較大的漣漪而已。他在這段期間的信心絲毫沒有動搖，並深信只要堅守自己既定的交易策略，一定會出現轉機。若不是我知道他在受訪當時正處於低潮，單憑他在接受訪問時所表現出來的自信，我一定會以為他當時還在賺錢而不是賠錢。

丹尼斯本人一點也不像百萬富豪，他的節儉生活在商品交易界中早已有口皆碑。事實上，他唯一符合百萬富豪的行徑，是他在政治與慈善事業方面的一擲千金。丹尼斯是羅斯福美國政策研究所的創辦人，該中心是自由學派的智囊團。丹尼斯本人則主張美國政府應對富有的美國人課重稅。儘管丹尼斯熱衷政治，他在政治方面的成就卻遠不及商品交易。

當初我在列舉訪問對象時，丹尼斯是首先浮現在我腦海的幾個名字之一。他早就是交易行業中的傳奇人物，本書中所訪問的其他著名交易者都對他推崇備至。

為了這次訪問，我與丹尼斯的助手頻頻接觸。我把訪問計劃拿給他看，他則告訴我，會向丹尼斯報告，然後再通知我。一個星期後，我接到電話，通知我可以在下個月的某一天撥出一小時與我會面。我向他解釋，我大老遠跑到芝加哥，就是為了要好好採訪丹尼斯，一個小時的時間實在太少了。但我得到的答覆卻是丹尼斯只能給我一小時，言下之意就是不能隨便。最後我只好同意，不過還是希望如果訪問氣氛良好，丹尼斯也許會多給我一些時間。

訪問當天，我比約定時間早五分鐘到達丹尼斯的辦公室，丹尼斯則是準時赴約。他彬彬有禮地與我握手，並向我道歉說他可能會在接受訪問時，偶爾看一下商品行情顯示幕。不過，他向我保證，這樣的行為絕不會妨礙到採訪的進行。

在訪問開始時，雙方都有一些緊張。我這一方面，是擔心一個小時的時間不夠。至於丹尼斯，我想是因為天性羞怯的緣故。不過，在五到十分鐘之後，雙方緊張的情緒就消失了，氣氛變得相當融洽，訪談也漸入佳境。

四十五分鐘之後，我猜想丹尼斯可能會因為雙方談得相當融洽而多給我一些時間，但結束前十分鐘，他對我說：「我大概還有十分鐘可談，假如你有比較重要的問題，可以先提出來。」我依言照辦。十分鐘之後，丹尼斯斬釘截鐵地告訴我：「我想時間到了，謝謝你了。」

我來不及對丹尼斯提出的問題，主要是有關他在政治方面的經歷，例如參議院舉行聽證會調查丹尼斯涉嫌操縱黃豆市場，以及美國羅斯福政策研究所和丹尼斯所熟識一些政治人物的事。這些題材一定頗具吸引力，不過由於和本書主旨不合，因此，我只選擇與交易有關的問題向他討教。

訪問結束前，我打出了我的王牌，我說：「我們還沒有談論到你的政治生活。」丹尼斯則以四兩撥千斤的方式，輕而易舉化解了我的攻勢。他說：「讀者對這一方面不會有興趣的。」然後，他便起身送客。

六個星期之後，我要求再度採訪丹尼斯，本書中有關丹尼斯基金遭受到重大損失的部分，便是出自第二次的訪問。

在第二次訪問的一個月之後，丹尼斯宣布退休，專心從事政治工作。從此以後，丹尼斯是不是永遠不會再涉足商品交易？也許吧？不過也很難說喔。

Q：你當初是如何踏入商品交易這個行業的？

高中畢業後，我就在一家交易所打工，充當業務員，當時我的週薪是四十美元。可是，我試著從事交易，經常在一小時之內就賠掉一週的薪水。不過，現在回想起來，這些錢與我所學到的交易知識相比，實在是微不足道。

Q：聽說你在不滿二十一歲的時候，就和令尊去了交易所。他在場內，你則在場外打手勢指示他如何交易。

那是一九六八年與一九六九年的事情。我父親擁有交易所的會員資格，可是他對交易懂得不多。我們會這麼做只是因為我想去交易所，可是我的年紀又不夠，無法進入到場內。在年滿二十一歲的當天，可以說是我父親最快樂的日子，因為他說：「我實在不喜歡帶你去交易所。我根本不知道自己在做什麼，全都是你的主意。」

Q：你打手勢，令尊下單，這樣是不是很不方便？

是的，我們經常虧錢。

Q：不過，你們也不至於賠得太多吧？畢竟你們的交易量很少。

在那段期間，我大概賠了幾千美元。

Q：你認為那段時光值得嗎？你在那段期間也學到不少東西吧！

是啊。根據我的經驗，我要奉勸剛出道的交易者（雖然這是老生常談）在踏入商品交易行業時，心裡一定要有最壞的打算。

Q：你知道有一些交易者早期很成功，但日後卻失敗的事嗎？

我很早就注意到這類交易者。對這些交易者來說，他們並不在意第一筆大交易是否成功，反倒比較關心第一筆賺錢的交易是因為做多還是放空。他們日後很可能因此就一直堅持做多或做空。其實做多與做空是同樣重要的，你絕不可以特別鍾愛任何一方。如果犯下這種錯誤，你的交易必定不會很成功。

Q：是誰讓你如此具有信心，能以微薄的資本進入美中交易所從事交易？老實說，只要稍有差錯，你就可能血本無歸。

美中交易所的好處是商品合約金額小，即使虧損也賠不了太多。至於說信心，我不知道當時我是否有信心。我從事商品交易的動機，和其他許多交易者一樣，只是受到一股追求成功的意念趨使。

Q：大部分交易者在從事交易的第一年都不怎麼順利。可是，你在第一年就相當成功，這是如何辦到的？

我當時做對了一件事，那就是即使資金很少，我也不會全部投入一筆交易。另外，我的運氣也不錯，正好趕搭上一九七〇年玉米收成量大減，導致玉米價格暴漲的列車。

Q：搭上這班列車完全是靠運氣，還是因為你有遠見？

我想是因為我有遠見的成分比較大。當時我對交易的概念還不十分清楚，不過我至少學到一個正確的觀念——順勢行動。

記得週五那一天，穀物市場收盤創下了當年的新高價。我相信（我到現在還是如此相信）應該跟隨市場走勢而行動，走勢越強，越應如此。我記得自己在當天臨收盤前買進幾口玉米、小麥和黃豆期貨。結果在隔週一，這些合約全都因為玉米歉收的報導而漲停開盤。

當然，如果我的判斷正確，那麼即使玉米歉收的情況沒有發生，我也可以靠這筆交易賺錢，只是從四百美元變成兩千美元的時間會拉長而已。總之，我並不是隨便猜的，而是靠著『順勢而行』這個正確的交易觀念，才獲致成功。

Q：在這筆交易中，週五市場行情漲勢強勁是否就是下週行情的指標？

是的。最起碼你不應該在市場開盤上漲時放空，或是在市場收盤下跌時做多。

Q：我很奇怪你竟然捨得放棄，而到研究所唸書。

早在一九七〇年夏季之前，我就申請要到研究所就讀。可是，我在那年夏季短短三個月的時間，就靠交易賺了三千美元，這使我實在難以忘情於交易。結果我只在紐奧良市的杜蘭大學研究所待了一個星期。

Q：從那時候開始，你就成為了全職的商品交易者嗎？

是的。

Q：談談你印象最深刻的交易經驗？

在我離開研究所之後的第一年，有一天我做了一筆非常糟糕的交易，害我損失了三百美元。由於我當時的資本只有三千美元，因此這對我來說實在是一筆相當大的損失。我為了賺回這筆損失的金額，於是又加碼，繼續持有原部位，結果又賠了。可是，我還是不甘心，於是第三度加碼，結果仍然是賠。到了當天結束，我總共賠了一千美元，亦即我資本的三分之一。

有了那次經歷以後，我學會了在遭逢重大損失時，乾脆出場回家睡覺，隔一段時間再考慮進場。所謂旁觀者清就這個道理。現在回想起來，如果我當時的交易策略預先考慮到可能遭逢損失的風險，我就不會輸得那麼慘了。

Q：如此說來，那次的經驗使你從此不再犯下如此嚴重的錯誤？

一點也沒錯。我學到了『不要為賺回損失而加碼』的觀念。另外，我也瞭解到當自己遭遇重大損失時，情緒會大受影響，並導致判斷錯誤。因此，在遭逢重大損失時，就應該隔一段時間再考慮下一筆交易。

Q：我想這次經驗的教訓是：「當情況不利時，別急，慢慢來。」

是的。你必須設法把損失降到最低，儘可能保護自己的資本，在最短的時間內扳回最大的利潤。你絕不能把資本押在一筆不是十分理想的交易上。

Q：讓你首次嚐到大獲全勝滋味的，是不是一九七三年的黃豆大多頭市場？

我在那一年的黃豆市場上賺了一大筆錢，讓我有足夠的資金於第二年進入芝加哥商品交易所。不過，我並不是靠做長多而獲利的。當時，我是場內交易者，經常搶短線，當時市場交投相當熱絡，正適合我搶進殺出。

Q：這麼說來，你的成功並不是靠順勢而行的交易策略，反倒像是偏重投機性交易？

當時有許多人擔心市場行情已經漲過頭，因而提前下車，甚至在幾乎能確定第二天市場也會跳空漲停的情況下，也同樣這麼做。而我則會在他們賣出時進場。

Q：聽起來好像很容易得手。

其實也會有一些風險，不過只要你順勢而行，就不會有什麼太大的問題。

Q：在從事交易許多年的經歷中，你是否曾遇過諸事不順的狀況？你是否曾因為對某個市場走勢嚴重判斷錯誤，而導致一整年的交易蒙受重大損失？

交易之所以會陷入低潮，通常是因為所有商品市場的走勢都對我不利，或是圖表出現許多技術性假突破所引起。然而，只要有某個市場的走勢有利於我，我通常都有辦法轉危為安。

Q：你曾在哪一年陷入到交易低潮嗎？

對我來說，一九七八年實在不吉利，因為我當時正處於從場內交易者轉變為一般交易者的轉換期。我當時對這兩者的區別，根本毫無概念。

Q：你是在一九七八年開始成為一般交易者的嗎？

一九七七年時我還是場內交易者，但到了一九七八年，我就完全脫離場內交易者的生涯了。

Q：如此的轉變，是否就是使你日後偏重長線交易的原因？

基本上，我是到了一九七八年才想成為一般交易者的，而我在那同時吸收了做長線的概念。在交易所場內進行交易比較方便下單，因此容易做短線，可是如果要在場外從事交易，就無法享受到這種便利。此外，場內交易者可以憑著場內的氣氛與現場情況來決定買進或賣出，可是坐在辦公室裡，就只能靠觀看市場行情顯示幕來做決定了。

Q：那麼你為什麼要做這樣的轉變呢？老實說，你當時是一位相當不錯的場內交易者，不是嗎？

我在一九七〇年剛出道時，市場上還沒有匯率、利率、黃金等商品期貨。可是，到一九七八年時，這些商品已經出現，例如匯率期貨交易便是在一九七四年登場的。我無法忽視它們的存在。

Q：這麼說，你是因為想在較多的商品市場上從事交易，才放棄只能在單一商品市場進行交易的場內交易者生涯？

是的。在我剛出道的時候，並沒有這麼多的交易機會。

Q：我知道你曾經組織過交易者訓練計劃，這是哪一年的事？

我在一九八四年初曾經訓練過一批人，一九八五年初又訓練了一批。

Q：這項計劃的動機是什麼？

我有一個從高中時代開始便是朋友的合夥人。我們兩人經常意見不合，其中一項爭執就是，成功交易者的交易技術是否可以簡化為一套規則（這是我的看法），還是每一位成功的交易者都具有一些難以言喻而又神秘的特質。我們經常為這個問題爭論不休。後來，我惱火了，於是說：「我有方法可以一勞永逸地解決這個問題，我們找一批人來訓練，然後觀察訓練的成果。」他同意了我的方法。

老實講，這套訓練計劃是一項實驗。我們儘可能把我們所知道的交易技術傳授給他們，我也設法把我所知道的一切予以規則化。實驗的結果證明我是對的，不是我自誇，這套訓練計劃的成效確實驚人。

Q：你是說，你的觀念是，只要是正常人，都可以經過訓練而成為高明的交易者？

不是。我們嚴格篩選出一批我們認為適合做交易的學員。我們當時收到一千份應徵信，從中選出四十位來面試，然後再從這些人當中挑選十位出來。

Q：你們是根據哪些條件來篩選的？

我們能不能不談這些？因為假如我告訴你其中的一項條件是要具有棋士的特質，我想我們以後可能會收到一大批棋士的應徵信。

Q：聰明是不是主要的條件之一？

聰明只是交易者的特質之一，但並不是絕對的要件。

Q：你是否介意把自己壓箱底的絕活全部傳授給別人。

當然。不過，我並不像大部分的交易者，認為大家都知道的交易策略就根本不算是交易策略。其實只要方法正確，就算對交易只有大略的瞭解，也能成功。我常常說，交易技巧登在報上，根本就沒有幾個人會照著做。總體而言，交易成敗的關鍵在於決心與毅力。幾乎人人都能列出我們所傳授百分之八十的交易規則，可是他們卻無法教人在市場情勢不穩定時，如何還能堅守這些規則。

Q：訓練時間有多長？

非常短。在第一年時，只經過兩週的訓練，我們就要他們實際從事一個月的交易，觀察訓練成果。到了第二年，我們更把訓練時間縮短為一週。

Q：總共有多少位學員？他們的成績如何？

總共有二十三位。我們淘汰了三位表現不理想的學員。至於其他二十位學員的平均年投資報酬率都在一倍左右。

Q：你把自己所知道的一切傳授給學員，不就等於是製造了二十個翻版的理察．丹尼斯嗎？他們的交易手法是否會與你相同嗎？

我們之間仍然會有相當大的差異。因為我們會在課堂上不斷提醒說：「我們會把我們認為成功的交易方法教給你們，不過你們必須加上自己的判斷和個人的操作風格。」

Q：這批經過調教的交易者目前總共有多少資金供他們運用？

如果包括逐年投入的資金和所賺到的利潤，目前大約每個人有兩百萬美元。

Q：最初每個人有多少資金？

十萬美元。

Q：我聽說你稱呼這批交易者為「海龜」（turtles）。這是非常有趣的稱呼，請問當初為什麼會用這個名稱？

在決定從事這項訓練計劃時，我剛從遠東回來。我後來向別人提起這項計劃時，無意間說道：「要培養交易者，就得像新加坡人養海龜一樣。」我在遠東訪問時，曾經在新加坡參觀海龜養殖場，這家養殖場裡有數以千計的龜，令我印象深刻。

Q：運氣在操盤中所扮演的重要性有多大？

以長期來看，運氣根本不重要。我認為沒有一位交易者能單靠運氣而獲得成功。

Q：就單筆交易而言，運氣的成分就相當大了，不是嗎？

其實這是一種假象。任何單筆交易的成功可以完全靠運氣，但這得從統計的角度來看。假如你的交易方法在每筆交易的勝算是百分之五十三，長期而言，你的獲勝率就是百分之百。如果要判斷兩名交易者孰優孰劣，就得花上一年時間的觀察才能下結論。

Q：你是少數幾個既能根據自己情緒，也能根據交易系統操盤的交易者之一。請問你是如何做到的？在從事交易時，這兩者之間如何取捨？

專業交易者經常會下高明的決策，但是他們並不會想要做系統化的分析。例如大部分交易者做某筆交易而獲得成功時，他們並不會思考這筆交易為什麼成功？或是這筆交易所運用的方法是否可以轉用到其他的交易上？而我正好相反，總是會對自己的操作進行分析。

從另一個角度來看，如果你是那種在交易之前先進行分析的交易者，你仍然可能會因為缺乏實戰經驗，而無法做出完整的分析。還好我已經具有相當豐富的實戰經驗，因此我做的研究也比較能夠應用到現實世界。

Q：請你舉例說明缺乏實戰經驗對分析可能造成的影響？

譬如說我設計出一套交易系統，它能夠告訴我每筆交易的停損價位，當然這個價位正好也是其他人所設的停損價位。可是，在現實的市場中，設定與別人相同的停損價格並不是高明的作法。此外，透過交易系統所得到的資訊，總會與現實市場略有出入。如果不做修正，這套系統充其量也不過是紙上談兵而已。

Q：你剛才提到你會根據自己的交易經驗來設計交易系統。你會針對交易結果做記錄嗎？還是只憑記憶呢？

我會把我的觀察和想法寫下來。其實交易者大都不願意回想當天交易的情況。如果當天操作得很順手，我也會如此。但如果當天操作得很不理想，我就會自我檢討，設法找出癥結所在。當操作不順手時，交易者不應該有鴕鳥心態，一心只希望轉機會出現。

Q：你是說最不順手的交易，其實是最應該檢討的？

是的。我不會對市場心存妄想，而是盡量找出問題設法解決。

Q：假如市場出現了某種狀況，你的經驗與直覺都告訴你應該這麼做，可是交易系統卻指示你做完全相反的動作，你會怎麼辦？

假如經驗與交易系統告訴我兩種完全相反的作法，那麼我什麼也不會做，一直等到衝突解決之後，我才會行動。

Q：你的系統大多是屬於順勢而行的系統嗎？

是的。

Q：這樣的系統在趨勢反轉時，往往會選錯方向。假如你的經驗告訴你，趨勢即將反轉，目前應該是做多的時候，而你的交易系統卻仍然指示你做空，在這種情況下，你是否會做多呢？

遇到這種情況，我可能什麼也不做，靜觀其變，同時我也會就這種衝突進行分析，以找出導致衝突的原因。不過，我要強調一點：從事交易，必須設想市場上最不可能發生的變化，並且預作準備。我做了近二十年的交易者，不知經歷了多少次「市場上最不可能發生的狀況」。因此，千萬不要以為市場上以前不曾出現過的變化，以後也絕不可能出現。

Q：你的意思是說，不要太相信歷史？

是的。

Q：可是，你是根據歷史的記錄來設計交易系統的，這不是和你的觀念相抵觸嗎？

看來如此，其實不然。一套優越的交易系統應該可以幫助你即時掌握市場行情的波動。假如你研究過一九七二年黃豆行情變動的軌跡，你可能就會因此在每當黃豆上漲五十美分之後出場，因為當時黃豆的漲幅從來沒有超過五十美分。可是，從黃豆行情後來上漲八美元的情況來看，根據歷史而下的結論顯然是錯誤的。一套優越的交易系統，應該能夠讓你掌握到歷史以外的大部分行情變動。

Q：你是說不要讓自己未來的行動受制於以往的經驗？

是的。市場以往變動的軌跡可以告訴你某種市況代表行情會上揚，或是代表漲幅有限，但絕不可能告訴你行情不會再上漲。

Q：你從一名小交易者搖身變成超級交易者，而且目前所管理的都是投資人的資金。請問籌碼過多是否會影響到你的操作？交易規模過於龐大是否會對你交易的成敗造成負面影響？

當交易規模大到某個程度時，的確會對我造成影響。不過我認為，目前的交易規模還沒有到達這種水準。目前我所管理的基金共有一億兩千萬美元，我覺得當我所管理的基金達到目前水準的三倍時，才可能對我的操作造成影響。

Q：換句話說，你目前所管理的基金金額還沒有到達你能力的極限？

是的。

Q：這是不是因為你用多種方式從事操作，所以不會把所有的資金集中於某個市場上？

是的。你必須考慮分散風險的問題。假如你只有一種交易策略，或者只是一個人做決定，你絕對無法管理一筆龐大的資金。但如果你有多種交易策略，或是有一批人幫你做決定，管理幾億美元的資金根本不成問題。

Q：你訓練交易者是否就是為了這個目的？

其實我在實施訓練計劃時，根本沒有想到這一點。不過，這套計劃確實為我的決策工作帶來許多便利。事實上，我們已經在考慮授權，讓部分接受訓練的交易者來管理客戶的資金。

Q：當你進行某一筆交易時，你要到什麼時候才會知道這筆交易是錯誤的？是靠什麼知道的？

假如交易發生後一到兩週出現虧損，那麼這筆交易就顯然是錯誤的。

Q：你從事交易是否會設定停損點？

會。每筆交易都應該設定停損點，這是即時逃命的唯一方法。

Q：請你談一談你的主要交易策略？

順勢而行。這是一個相當簡單的策略，不過其重要性遠超過其他的交易策略。不論你使用何種方法從事交易、任何方法都必須保證你能順勢而行。

Q：任何一套交易分析系統都能輕易地指出大勢所在，你有沒有其他特殊的方法偵測市場走勢？

沒有。我只要發現大勢所在，就一定立刻行動，問題只在於行動時間的早晚而已。至於這一點，我會觀察市場對消息面的反應。如果市場行情在應該上漲的時候上揚，我就會儘早進場。如果市場行情在應該上揚的時候下跌，我則會在一旁觀望，等待大勢明朗化。

Q：各個市場之間的共通性有多大？譬如說黃豆市場的價格走勢與債券市場相類似嗎？還是互不相干？

即使不熟悉某個市場，我也可以在其中從事交易。

Q：如此說來，你是指各市場的特性其實相當類似？

是的。如果有一套交易系統，它在黃豆市場與債券市場中都無法發揮作用，我們就會放棄這套系統。

Q：請問股市是否例外？我是說，股市的特性是否與其他市場不同？為什麼？

我認為股市比較特殊。

根據我的觀察，股市中各類股票價格波動的隨機性要比一般商品市場高，這也就是說，商品市場行情的波動比較具有趨勢存在，然而股市行情波動就很難找出脈絡。

Q：請你解釋造成這種現象的原因？

我認為股市中股票的種類太多，個股的基本面資訊也過於分散，不足以匯聚成整個股市行情的大趨勢，商品市場則恰好相反。

Q：在商品市場中，技術面的資訊基本上只有價格、成交量與未平倉量等，然而股市的技術面資訊遠多於商品市場，例如還包括了各類分析指標。一般趨勢識別系統所能分析的資訊不多，是否就是無法運用於股市的原因？

我不認為如此。我的看法是，一般趨勢識別系統之所以不適用於股市，是因為股價指數與各股行情之間的隨機性太強，而一般的趨勢識別系統根本無法消化個股股價變化的訊息。

Q：交易發生虧損時，你如何處理？

減量經營。如果情況真的很糟，乾脆出場。

Q：你是否偶而脫離市場好幾天？

一般來說是一到兩天，不過人的確需要一段緩衝期。這種情形就像投球，總要先有一些準備動作。

Q：一般人對市場最大的誤解是什麼？

誤以為市場變動有道理可循。

Q：在技術分析方面，一般人最大的誤解是什麼？

誤以為技術分析不比基本分析重要。

Q：你從事交易時，會參考別人對市場的分析嗎？

不會。在訓練學員時，我總會問他們：「如果你根據市場資訊研判目前是買進的時機，可是你打電話給經紀商時，他卻告訴你他正在賣出，請問你這時候會買進、做空，還是採取觀望態度？」學員如果對自己的判斷沒有信心，選擇了買進以外的答案，他就會被淘汰於訓練計劃之外。

Q：你為什麼要管理別人的資金？其實你只管理自己的資金就足夠了。

打理別人資金的最大好處是，既具有獲利潛力，又不必承擔風險。從事交易若要減少風險，可以縮小交易規模。然而如此一來，獲利能力也會減少。如果加進別人的資金，我不但可以用它來增加我的獲利，同時也可以把風險控制在較低的水準。

（註：在第二次訪問中，丹尼斯改變了對這個問題的看法。這可能是因為受到其基金遭受重大損失的影響。丹尼斯決定脫離資金管理人的工作，他說：「我發現替別人管理資金是得不償失的事。不過，並不是在財務方面，而是在心理方面。」）

Q：我知道你不會喜歡下面的這個問題，不過我還是要問。你所管理的基金有一部分在一九八八年四月被停止交易。這是不是因為那些基金已達百分之五十的自動停損點？

事實上，我們是在這些基金的虧損達約百分之四十九時，就停止交易了。我們出清了所有的部位，然後請求投資人准許再降低停損點。

Q：你會不會因為這次經驗而改變你以後的交易策略？

我可能會提前停止交易，以減少虧損。不過，我不會改變交易策略。有人曾經對我說：「市場既然不景氣，你大可反向操作，這樣不就能轉危為安了嗎？」我告訴他，我絕不會反向操作，因為就長期觀點來看，這種做法會造成難以挽救的虧損。

Q：你是否認為市場本身的變化造成了你的重大虧損？

很難說。不過，有一點是可以確定的，即市場上價格向上突破的假象越來越多。

Q：這種現象是否與過去五年到十年間，電腦交易系統日益普遍有關？是不是有太多人使用這類系統，結果反而使這類系統無法發揮功用。

這是毫無疑問的。這種現象代表市場上技術面的力量已經凌駕基本面。

Q：如果市場變化過於離譜，你是否會立即出場？

當然，如果你在這種情況下猶豫是否要立刻出場，你就一定會惹上大麻煩。

Q：你認為電腦交易系統是否會有完全失效的一天？

我們總有一天會發現電腦交易系統不再管用。甚至往後要發展一套好的交易系統，也會變得加倍吃力。

Q：在這種情況下，以往所使用的交易方法，在往後還能發揮同樣的作用嗎？

假如你對市場的看法正確，你還是可以找到有用的電腦交易系統。恕我不能詳細解釋這套方法，但假使這套方法有效，這就是極有價值的資訊。要成功，就必須領先別人一步。

Q：聽你的口氣，好像你早在一九八七年底陷入低潮之前，就已經著手尋求這個問題的解決之道了。

是的。過去十年間，使用電腦交易系統從事交易的人越來越多。我們早就開始在討論這個問題。我們花了大半的時間嘗試把市場上的各種問題觀念化。花了好幾年時間，我們才知道如何提出正確的問題。

Q：你是在什麼時候才找到答案的？

說來相當諷刺，大概就是在我決定停止操作的時候。

Q：我知道你不願詳細解說你的解決方法，不過你這套對付技術面假突破的方法，是不是從短線為著眼，因為只有如此，你才能即時反應市場變化？

這套方法的好處在於它能根據個人的操作風格，為他找出市場的中期走勢。

Q：當你提到你所管理的一億美元基金虧損了百分之五十的時候，你的口氣仍然很平穩。你真的是處之泰然嗎？你的情緒難道沒有受到影響？

我儘量避免讓自己的情緒受到影響。為這種事情而感到心神不寧，既不值得，也無幫助。在下操作決策時，必須儘量避免摻雜個人的情感在裡面。

Q：你說得很對，可是你是如何做到的？

你必須保持平靜，畢竟交易只是生活中的一小部分而已。同時，對我來說，操作失敗導致情緒受影響，會使我對日後的交易喪失信心，而只重視短利，會忽略了大局。因此，我會儘量避免讓自己因為交易失利而陷入情緒低潮。

Q：你是說你可以避免落入情緒的陷阱中？

是的。不過，我也會在交易順手時，以平常心待之。假如你會因為交易成功而過度高興，那麼在交易失利時，你就會益發感到失望。我從事交易已經有二十年，若非學會了保持平靜，我早就被交易生涯中的大起大落逼瘋了。

Q：歷經二十年的交易生涯之後，你是否比較容易避免掉入情緒的陷阱中？

也不盡然，我只是變得比較容易保持平靜，而每個人都會有彈性疲乏的時候。交易者就像拳手，市場隨時都會對你施以一番痛擊。經歷了二十年，我已習慣這些痛擊了。

Q：你對交易者在交易失利時應該如何自處，是否有什麼建議？

這有點像打高爾夫球，第一桿打得很差時，你大可怨天尤人，然而在打第二桿時，你仍然得全神貫注。

Q：你會使用如經濟成長率、通貨膨脹及美元匯率等長期經濟指標，做為交易決策的依據嗎？

我會注意這類指標，但是我會儘量避免在從事交易時利用這些資訊。操盤有點像是擲一顆被你動過手腳的骰子，你之所以要賭骰子，是因為你知道這顆骰子（市場）對你有利。長期經濟情勢即使可以驗證交易決策的正確性，但我還是認為，那對於個別交易而言，並沒有什麼差別。

Q：即使你認為美元會崩盤，你仍然不會改變既定決策的方向，是嗎？

我認為不會，而且我也認為決策的方向不應該受到影響。從事交易最忌諱的事莫過於錯失大撈一筆的良機。過分重視長期經濟情勢，就會使你犯下這種錯誤。舉例來說，假設我因為認為美元行情將走軟，而放棄抛空外幣的機會，我可能就會因此而錯失一大筆財富。就算美元後來的確走軟，我又獲得了什麼？也許只是躲過一次小虧損罷了。

Q：沈浮交易二十年，你認為美國未來經濟的大趨勢是什麼？

我敢斷言，美國的通貨膨脹率將會在一九九〇年底創下新高峰。（本訪問在一九八八年中進行。）

Q：導致通貨膨脹的主要原因是什麼？

主要原因在於避免經濟大衰退。為了避免經濟衰退，美國政府會設法刺激經濟成長。

Q：換句話說，美國政府會因為擔心經濟衰退而放寬貨幣政策，結果卻引發通貨膨脹？

是的。借錢給政府與企業界的保守派人士不會相信，放寬貨幣政策是解決經濟衰退的方法。

Q：你是說預算赤字是一顆定時炸彈，遲早會對經濟造成重大傷害？

是的。我們不能因為這個問題目前不大，就認為不是問題。

Q：這麼說來，我們目前是年復一年的審查預算赤字，然後說：「這個問題現在不大，經濟還相當景氣。」直到有一天，預算赤字嚴重到不可收拾，大家才會驚醒過來？

這就像白蟻。你可能等到房子垮了，才注意到白蟻的存在。

Q：假如你是美國總統，你的當務之急是不是解決預算赤字？

當然是。我認為這對民主黨尤其重要，因為是他們首先引用凱因斯經濟理論的。雖然這是個相當偉大的理論，卻不適用於現實世界。

Q：我不認為凱因斯曾經提倡在經濟景氣時使用赤字政策。

是的，他並沒有這麼說。他只說，在景氣時使用盈餘政策，在衰退時運用赤字政策。目前我們的問題是只有赤字，同時政府又欠缺足夠的意志力在經濟景氣時採行盈餘政策。一言以蔽之，美國政府顯然是以凱因斯理論做為貨幣寬鬆、過度支出與過度消費的藉口。我們必須承認在現實世界裡，財政赤字的觀念是有瑕疵的。

Q：你認為哪些經濟理論適用於當前的經濟環境？

我們應該拋棄赤字預算的做法，我們必須逐步減少赤字，而且聯邦政府也應效法各州政府平衡預算，根據傅利曼（Milton Friedman）所提，以經濟成長率來決定貨幣供給額的穩定成長，或許是好建議。

Q：你對交易新手有什麼忠告？

從事每筆交易時，你都必須有最壞的心理準備，因此應該小量經營。另外，你應該從錯誤中吸取經驗；不要斤斤計較每天行情的漲跌，應該注意交易決策的方向，而不應對單筆交易的成敗患得患失。

在丹尼斯宣布退休之後，我曾經透過電話追問他幾個問題。我把問題告訴丹尼斯的助理。幾天之後，助理打電話給我，把丹尼斯的回答告訴了我。以下就是這些問題的答案。

Q：在你從事交易的最後一年，你的基金投資人賺得並不多。如果有一位投資人從你擔任交易者的第一天起就投資你的基金，他今天會是什麼情況？

每一千美元會增加三千八百三十三美元，平均年投資報酬率為百分之二十五。

Q：聽說你在從事交易的最後一年損失慘重，這種說法是否有誇大之嫌？

我在市場上所賺到的錢，有百分之十是在最後一年虧掉的。不過，就資本淨值的比例來說是偏高了，因為我曾經捐了不少錢做為慈善及政治獻金。

Q：最後一年交易不順手，是否使你決定提早退休？

沒有。這和我退休沒有任何關係。

Q：退休之後，你會完全不涉足交易，還是偶而會做一些交易？

我將不再涉足交易。

理察・丹尼斯是商品交易的傳奇人物。他是那種在市場行情跌到谷底時大量持有多頭部位，而在市場行情漲升到頂峰時，大量持有空頭部位的交易者。

丹尼斯認為，身為一名交易者，最可怕的錯誤莫過於錯失獲利良機。根據估計，他有百分之九十五的利潤來自於百分之五的交易。換句話說，如果丹尼斯不能夠確切掌握獲利時機，他可能就會是一名失敗的交易者。

另外，丹尼斯還提出一項非常重要的論調，那就是，你最不想檢討的交易——失敗的交易——其實正是你最應該檢討的交易。

保羅·都德·瓊斯
PAUL TUDOR JONES

具有攻擊性的操作藝術
The Art of Aggressive Trading

一九八七年十月可以說是投資人的夢魘，當時他們親眼目睹了全球股市重演一九二九年崩盤的歷史。但是，就在同一個月份，由保羅·都德·瓊斯所管理的都德期貨基金，卻賺得百分之六十二的投資報酬。瓊斯是一位特立獨行的交易者，交易風格與眾不同，他的表現也是同行難以望其項背的。然而最重要的，也許就是他做到別人根本難以想像的事：連續五年的年投資報酬率都到達三位數字。

瓊斯從事交易可以說是無往不利，他是經紀人開始起家的，但是他在第一年就賺了一百萬美元的佣金。一九八〇年秋天，瓊斯進入紐約棉花交易所擔任場內交易者，在往後的幾年內，他又賺了數百萬美元。他最令人咋舌的成就，其實並不是在於他獲利豐厚，而是在於他能夠持續不斷地獲利；他在三年半的場內交易者生涯中，只有一個月遭遇虧損。

一九八四年，瓊斯一方面因為厭倦場內交易者的工作，另一方面是擔心從事場內交易的工作終究會使他失聲，於是他放棄這份工作，開創自己的新事業——資金管理。

一九八四年九月，瓊斯以一百五十萬美元創立了都德期貨基金，到了一九八八年十月，原本投資他基金的每一千美元，都增值成為一萬七千四百八十二美元，同時他所管理的資金也成長到三億三千萬美元。事實上，瓊斯所管理的資金數目應該不止這個金額，不過瓊斯從一九八七年十月起停止接受投資，開始出金。

瓊斯本人具有強烈的雙重個性。在私人的場合中，他相當隨和，然而在操盤時，他下達命令就彷彿是兇悍殘暴的士官長。他在公眾的形象是一名狂妄自大的交易者，但私底下卻是一位平易近人、謙沖有禮的紳士。大眾傳播媒體對他的報導，往往偏重於他奢侈浮華的生活方式：乞沙比克灣（Chesapeake Bay）的華廈、三百英畝的私人野生動物保護區、美女、佳餚等等，但是他同時也以濟貧為副業。

瓊斯效法紐約商人尤金・蘭（Eugene Lang）設立了一個基金，資助布魯克林區最貧窮的布德福——史特文森區八十五名小學畢業生完成大學教育。瓊斯不僅捐錢，還每週定期與接受救濟的學生碰面。他最近又成立了羅賓漢基金會，到目前為止，這個基金會共擁有五百萬美元。該基金會正如其名，向富人籌措資金，然後轉交給民間社會公益團體與貧民。

瓊斯把我的採訪安排在下午三點十五分，正好是除了股價指數之外，各期貨市場都已經收盤的空檔。儘管如此，我仍然擔心在此時進行採訪可能會受到干擾，因為我知道標準普爾（S ＆P）股價指數期貨是瓊斯的主要交易標的之一。事實上，在我抵達時，瓊斯正在進行標準普爾股價指數期貨交易。

我等到瓊斯下完單之後，才向他解釋我不想打擾他的交易。我說，「也許我們應該等到市場收盤後再談。」而他則回答，「沒問題，我們開始吧！」

瓊斯對其交易的啟蒙導師伊利．杜里斯（Eli Tullis）推崇備至。杜里斯最受瓊斯崇拜的特質，也許就是他控制情緒的意志力。瓊斯回憶說，杜里斯在其資產遭到最嚴重虧損時，仍然能夠不動聲色地與訪客天南地北地聊天。

瓊斯本人其實已經獲得杜里斯的真傳。在他接受訪問的當天，股價指數期貨臨收盤突告大幅上揚，導致瓊斯損失一百萬美元。但是，他仍然神色自若，我在結束採訪後，才發現他在接受採訪期間，曾遭到重大損失。

這次訪問的時間並不充裕，於是兩週後我又去拜訪瓊斯，進行第二次訪問。第二次訪問時，有兩件事值得一提，瓊斯在第一次訪問時，曾經大量放空。然而在第二次訪問時，他卻改成做多。他顯然是因為原先的預測錯誤，而改變了他自己對股市後市的看法。

「市場上顯然已經超賣了。」他在第二次訪問時，斬釘截鐵地對我說。瓊斯對市場的看法在短短兩週內即產生一百八十度的轉變，突顯出瓊斯的交易風格具有極大的彈性，而這特質正是他之所以能夠獲致成功的主要因素之一。瓊斯不僅能夠立刻出清原先持有的部位，同時還可以毅然決然地在事實證明其原先的預測錯誤時，轉向相反的一方。

其次，瓊斯對股市與經濟有關預測突然非常審慎起來，他擔心第二波股市主要拋售浪潮（第一波發生在一九八七年十月），可能導致某種形式的金融麥卡錫主義。事實上歷史早有前車之鑑：一九三〇年代參議院的聽證會中，委員會成員全力要找出應為一九二九年紐約股市崩盤的罪魁禍首。

瓊斯深恐自己身為醒目的投機客與經濟趨勢預測專家，將來可能很容易成為政府盯上與開刀的對象，尤其某知名官員曾打電話給他，更令他忐忑不安。「你可能不會相信此人官階有多高。」他用帶有懷疑的聲音解釋，小心翼翼地不去指名道姓。

雖然瓊斯還是一樣的客氣，但上一次訪問他開誠布公，這一次的回答卻像預先錄製般，不出任何破綻。例如，我問他操作策略，他卻回答有關「插隊」的事——即非法地以自己的下單插隊在客戶下單之前。這個回答實際上是顧左右而言他，因為瓊斯根本沒有代客操作，讓人覺得他好像利用這次訪問發表正式聲明，也許是要作為將來國會聽證會的證據。我想瓊斯不是太偏執，就是太過於戒慎恐懼了。不過，瓊斯說真正的危機會導致「殺害帶來壞消息的信差」，也非全然無的放矢。

Q：你是什麼時候才開始對交易感到興趣的？

當我還在唸大學的時候，曾讀過理察．丹尼斯的一篇文章，令我印象深刻。我當時覺得丹尼斯所從事的工作，是全世界最完美的工作。當時，我對交易已經有一些認識，這是因為我的舅舅比利．多納凡是一位相當成功的交易者。一九七六年，我從大學畢業後，便要求舅舅協助我成為一名交易者。他介紹我去找伊利．杜里斯，杜里斯是位著名的棉花交易者，住在紐奧爾良。他告訴我：「伊利是我所認識最高明的交易者。」我於是去找伊利，之後他介紹我到紐約棉花交易所工作。

Q：你在紐約棉花交易所工作多久？當時的工作又是什麼？

我只是一名場內辦事員，其實大家都是從這個工作幹起的。不過，當時我也做許多分析工作，觀察市場行情，並猜測市場的後市。我在紐約棉花交易所待了半年後，就到紐奧爾良替杜里斯工作。

Q：你從杜里斯身上學到不少東西吧？

當然，與杜里斯共事的確是一次難得的經驗。他可以在市場未平倉合約數只有三萬口的時候，就包辦三千口合約的交易。他的交易量遠超過其他的交易者，實在是一位了不起的人物。

Q：他是從事對沖交易還是投機交易？

他是道道地地的投機客。不過，由於他在交易所內擁有專屬的經紀人，因此大家總是可以知道他持有的部位，他也很容易被人盯上。可是，伊利的態度是：「管他的，反正我會比他們搶先一步。」

Q：這麼說來，每個人都知道他手中持有的部位囉？

沒錯。

Q：可是這種情況顯然沒有對他造成傷害？

是的。

Q：杜里斯的情況是不是有些反常？難道你也不隱瞞你的交易部位？

我曾經試圖隱瞞，可是老實說，那些在交易廳中工作五到十年的人，一看到下單，就會知道是我幹的。我從伊利身上學到一件事：市場絕對會朝著它應該發展的方向前進。

Q：如此說來，你認為隱瞞自己持有的部位並不十分重要。

不是。我認為至少應該試一下。例如以往我下的單非常容易辨認，因為我進出的量總是三百口合約的倍數。可是，現在我會分散下單，我會給某一位經紀人下單一百一十六口合約，同時對另外一位經紀人下單一百八十四口合約。我在每個交易廳至少都會有四位經紀人。

Q：你還從杜里斯那兒學到什麼？

他是我所認識最堅強的傢伙。他教導我，交易是一種具有高度競爭性的行業，你必須學會如何面對失敗，不論如何砍部位，都會有很大的心情起伏。

Q：這只是灌輸基本觀念而已。你是否從他那裡獲得了有關交易方面的專業知識？

杜里斯曾教導我有關巨額交易的手法。當你從事大筆交易時，你必須在市場允許你出場的時候才出場，不可能說出場就出場。他告訴我，假使我要進出大筆部位，絕不能等到市場創新高或跌到谷底時才動作，因為假如這是轉捩點，交易量可能就會很少。

我在做場內交易者時，曾經學到一點，例如市場以往的最高價是五十六點八〇，在五十六點八五的價位便可能有許多停損買單（buy stop）。如果市場上目前報價是五十六點七〇買進、五十六點七五賣出，此時市場買盤就有可能相當多，並引發停損買單。

我後來把這個心得和杜里斯教我的技巧融合在一起，如果我要在這種情況下軋平所持有的部位，我會在五十六點七五的價位先拋出一半，因為如此，我才不必擔心一旦價格觸及停損價格，如何把自己所有的部位一次拋出。我總是會在市場創下新高或新低價之前先拋出一半部位，而保留另一半部在創新高或新低之後才拋出。

Q：你還從杜里斯身上學到什麼？

我還學到，後市好而且連續創新高，通常就是賣出的時機。我從杜里斯身上學到，要做一個成功的交易者就必須和市場唱反調。

Q：你擁有數萬次交易的經驗，哪一筆是你印象最深刻的？

是一九七九年的棉花市場。任何人從錯誤中所得到的教訓，都會遠超過從成功中所學到的東西。我當時有許多個投機帳戶，而且大約持有四百口七月份棉花期貨合約。當時市價是在八十二美分到八十六美分之間波動，而我則在每當價格跌到接近八十二美分的時候掛進。

有一天，市價創下新低，然後又立刻反彈約三、四十點。我當時認為市場的這種表現，是價格觸及停損價格所造成。既然已經引發停損的情況，市場顯然正蓄勢待發。我站在交易廳外面，要我的經紀人以八十二點九〇美分的價格買進一百口七月份合約。這在當時算是相當大的一筆買單。我在下單時，心中不無逞強鬥勇的心理，於是我的經紀人為我出價八十二點九〇美分。正巧經過他身邊一名拉夫科（Refco）公司的經紀人立刻大叫：「賣！」。這家經紀公司當時擁有大部分可以在七月份交割的棉花庫存。到這時候我才明白，市場在八十二美分到八十六美分間的波動，並非蓄勢待發的盤整，而是盤旋走低的前兆。

Q：如此說來，你立刻發現自己失算了？

是的。我看著市價一路滑落到七十八美分。我實在不該為了逞一時之快，而買進那一百口合約。

Q：因此你明白應該趕快出場？

不是，我了解到應該趕快放空。

Q：你的動作有多快？

幾乎是立刻。當那位經紀人大喊「賣」之後，大家都轉頭看著我。我身邊的一個傢伙還對我說：「假如你要去洗手間，最好趕快就去。」他說我臉色白得像鬼一樣。我記得當時我轉過身，走出去喝了一杯水，然後回來告訴我的經紀人：「能拋多少，就拋多少」。六十秒之後，市價跌停，我只賣出兩百二十口合約。

Q：其他的部位是在什麼時候拋出的？

第二天，市場開盤下跌一百點，我則是從開盤就盡力拋出。結果到市價跌停的時候，我一共只賣出約一百五十口合約。最後我出清所有部位時，有些合約的拋售價格比我當初發現市況不對勁時的價格，整整低了四美分之多。

Q：儘管你的反應相當快，可是這筆交易仍然使你遭到重大損失。現在回想起來，你從這筆交易得到什麼啟示？

第一，絕不要與市場爭強鬥狠。第二，絕不交易過量。這筆交易的最大問題不是我損失慘重，而是我的交易量遠超過我帳戶中所能負擔的損失金額。結果，單單這筆交易就損失了我的百分之六十到七十的資金。

Q：這筆交易是否對你日後的交易風格造成很大的影響？

是的。我當時非常難過沮喪，甚至考慮洗手不幹。

Q：你當時進入商品交易界有多久了？

大約三年半。

Q：你在那筆交易之前，做得怎麼樣？

相當不錯。我的大部分客戶都賺錢，而我也是我公司的主要財源之一。

Q：假如有人當時投資你一萬美元，在三年半之後，他的投資金額會成長到多少？

大約成長三倍。

Q：這麼說來，那些從一開始便加入你帳戶的投資人，縱然經歷這次失敗，可是就整體而言，仍然有賺錢？

是的。可是在那段期間我也面臨相當大的壓力，我的名聲差一點就因為這筆交易而搞砸。在那段時間，我經常自責：「笨蛋，為什麼全都押在這筆交易上？」

然而我也因此下決心要學會自我約束與資金管理。這次慘痛的教訓使我不禁懷疑起自己做為一名交易者的能力，可是我絕不放棄，我要東山再起、捲土重來。我要做一個非常自律與專業的交易者。

Q：你的交易風格是否因此而有所改變？

是的。現在，我會盡量放鬆心情。假如我持有的部位對我不利，我就出場，對我有利，我就長期持有，就是這麼簡單。

Q：我想你不僅開始少量經營，而且也加快動作。

是的。不但迅速，而且防衛性強。我現在的心理是如何減少虧損，而不是如何多賺錢。然而我在進行那筆棉花交易的時候，滿腦子想的全是如何靠這筆交易多賺錢，根本就沒有想到可能虧損的風險。

Q：在從事交易時，你是不是會事先訂定出場的時機？

我心裡會設定一個停損點，當價格到達該水準時，我一定出場。

Q：你在每筆交易上願意承擔多少風險？

我不是以每筆交易來計算風險，而是就整體來看，我每天早上會計算我資產的價值，而我的目標是每天收盤的資產價值要高於開盤的水準。

控制風險是交易中一門很大的學問。例如本月份我的虧損已達百分之六點五，我就會把本月份其餘日子的停損點設在資產價值的百分之三點五，以確保我每個月的虧損不超過二位數字。

Q：你所遵循的交易法則是什麼？

- 當操盤情況不佳時，減量經營；當操盤漸入佳境時，增量經營。千萬不要在你無法控制的情況下，貿然進場交易。例如，我絕不會在經濟指標公佈前進場，因為這根本就是賭博，不是交易。
- 假如你持有的部位呈現虧損，解決的方法其實很簡單：出場觀望。畢竟你隨時可以再進場，沒有什麼其他的方法，會比重新出發來得更令人振奮。
- 別在乎你當初是在什麼價位進場，重要的是你當天要做多還是做空。有一些菜鳥總是會問我做多還是放空，假如我說做多，他們就會問我是從哪個價位開始做多的。其實那根本不重要，當下市場的多空才重要，而那跟我在哪個價位進場根本無關，而且也跟我當下該如何配置部位風險報酬比例無關。
- 另外，最重要的交易法則就是要更重視防衛性，而不是攻擊性。我從事交易時，總會假設自己所持有的部位是錯誤的。我會設定停損點，同時希望自己所持有的部位能按照預測的方向前進。如果預測錯誤，我也可以全身而退。
- 不要逞英雄，也不要過於自信，你必須隨時對自己的交易能力提出質疑，別高估自己，否則你就死定了。

美國歷史上最傑出的投機客傑西・李佛摩曾經說過：「長期而言，沒有人能擊敗市場。」這就是為什麼我的交易理念傾向於防禦。如果你做了一筆突出的交易，別認為那是因為你有先見之明。經常維持高度的信心是件好事，但你仍要保持警覺。

Q：從事交易許多年，難道你現在還不如以前有信心嗎？

每當我開始做一筆交易時，我都會提心吊膽，因為我知道幹這一行，成功來得快，去得也快。我每次遭受到打擊，總是在我洋洋自得的時候。

Q：在我的印象當中，你經常在市場接近轉向的時候進場，你是如何預測到市場即將轉向？

我對市場的長期走勢有非常強烈的預感。但是對短期走勢則無法掌握。因此，我經常在市場持續下挫時，從做多的立場一再試探幾週。

Q：這是否也就是說，你會做一系列試探性的進出，直到確實掌握到轉捩點？

是的。我會先預測市場的走向，然後以低風險的方式試探。如果一直不成功，我就會改變我對市場的看法。

Q：一般大眾對市場的看法，最重大的錯誤觀念是什麼？

誤以為市場會受到人為力量的操縱。譬如說以為華爾街有若干集團可以控制股價。其實我也可以在任何市場製造一、兩天、甚至一週的行情。假如我在適當的時機進場，稍微朝多頭的方向加把勁，我甚至可以製造出一個多頭市場的假象，但是除非市場真是多頭，否則我一停止買進，價格便會下跌。你也許可以在最荒蕪的地區開一家高級服飾店，但是如果沒有客人上門，你勢必只有關門一途。

Q：一般大眾還有什麼錯誤的觀念？

大家總以為華爾街的消息人士會知道內線消息。

Q：你經常與同行討論市場走勢，但如果他們的看法與你相左，你會怎麼辦？例如你目前看空後市，卻有百分之七十五的同行都看多，你怎麼辦？

我會先觀望一陣子。我舉個實例：直到上週三，我還是看空原油後市，但由於我認識的最高明原油交易者看多，因此我並沒有放空，後來油市陷入遲滯。突然有一天，那位原油交易者說：「我想我該軋平了。」我立刻警覺到此時正是放空的時機，於是馬上動作，結果大賺一筆。

Q：很少有交易者擁有像你一樣的成就，是什麼使你與眾不同？

我想我最大的長處，就是把在此時此刻之前所發生的任何事情都視為歷史。我絕不在乎三秒鐘前操盤時所犯的錯誤，我關心的是下一秒鐘我應該如何動作。我儘量避免在交易時摻雜任何情緒方面的因素。另外，我也儘量避免自己的判斷受到別人意見的影響。

Q：絕不堅守自己所持有的部位，顯然是你獲得成功的一項重要因素？

是的。因為如此，你才可以客觀地判斷後市。這項要件可以幫助你無所顧忌地進行準確的預測。

Q：你所管理的資金成長快速，然而要達到相同水準的獲利率，是否因此變得加倍困難？

的確如此。

Q：你是否經常在想，如果我管理的資金比較少，獲利率可能會遠高於目前的水準？

是的。我也曾經停止讓投資資金持續增加。

Q：你做過經紀人和基金經理人，你認為兩者之間的利弊得失在哪裡？

我後來之所以放棄經紀人的工作，是因為我覺得其中有利益衝突。身為經紀人，即使客戶賠錢，我仍然可以向他收取佣金，但從事基金經理人的行業，卻不會因客戶賠錢而獲得報償，這樣似乎比較問心無愧。

Q：你把自己的資金也投入了你的基金當中嗎？

我投入我自己基金的資金，大約相當於我個人資產淨值的百分之八十五。我認為這是我資金最安全的去處，而且我深信我會善盡保管之責。

Q：你的基金在一九八七年十月表現非常優異，然而其他交易者卻在同月遭遇到一場劫難。請你說明一下當時的情況？

股市崩盤的那一週，是我有生以來最刺激、最緊張的一次經驗。我們早在一九八六年中期便預料股市會崩盤，因此我們也設計了幾套應對之策，而在一九八七年十月十九日星期一來臨時，我們便知道股市當天會崩盤。

Q：你為何如此肯定？

因為十月十六日（星期五）股價下跌而成交量創天量，這正好與一九二九年股市崩盤前兩天的情況一模一樣。同時，當時美國財政部長貝克在週末談話中指出，美國由於與西德無法達成協議，因此將不再支撐美元，這更無異於為股市獻上死亡之吻。

Q：你當時放空，然後又在什麼時候回補？

事實上，我是在十月十九日股市臨收盤之前回補的，我甚至還持有若干多頭部位。

Q：你在一九八七年十月所獲得的利潤，都是來自於放空股價指數期貨的嗎？

不是。我在債券方面也賺了不少。在股市崩盤當天，我手中持有我有生以來最大的債券部位。債券市場在十月十九日當天表現得非常糟，而我十分擔心我客戶以及我基金的財務安全。

我當時在想，聯邦準備理事會（Fed）會有什麼反應？我猜想聯邦準備理事會會大量挹注資金，以維持交易的榮景。可是，由於當時債券市場表現實在差勁，因此我也不敢大量持有多頭部位。後來，在最後半小時的交易時間內，債券突然開始揚升，我立刻想到這是聯邦準備理事會在採取行動，才促使債券價格上揚，於是我馬上跟進，結果大賺一筆。

Q：你認為一九八七年十月是否是後市坎坷的預警？

我認為十月十九日是金融業，尤其是華爾街的生死存亡關頭，不過由於他們太過震驚，因此反而不瞭解其中的危險性。我記得我曾經被一艘遊艇撞倒，遊艇的螺旋槳劃過了我的背部。我當時的第一個念頭是：「真倒霉，這個週末泡湯了。」我因為驚嚇過度，而不知事態的嚴重性，直到看到朋友的表情，我才知道自己嚴重受傷。

任何事物毀壞的速度遠快於當初建造所花的時間。有些事物可能要花上十年才建造的起來，然而只要一天就可以將其完全摧毀。我認為美國經濟就是如此，很可能會在一夕之間由繁榮變成衰退。雷根為了使我們相信，在其任內美國經濟會維持榮景，因而舉債度日，揠苗助長是要付出代價的。

我從研究歷史得到了一項結論，即信用問題會毀滅任何社會。事實上，我們可以隨意使用信用卡並盡情享受。雷根讓美國人相信美國經濟情況良好，但這是借錢享受的結果，總有一天我們要償還。

Q：你把美國當前的經濟情勢歸咎於雷根的經濟政策嗎？

我認為雷根使我們相信美國是一個偉大的國家。這種感覺的確很不錯。然而從經濟觀點來看，他卻為美國經濟帶來有史以來最大的災難。我想他基本上是開出刪減赤字的支票來矇騙我們，暗地裡卻又擴大支出，使得美國的預算赤字在其總統任內創下新高峰。

Q：你認為要用什麼方法來解決美國當前的經濟問題，以免美國經濟成長減緩，甚至步入蕭條？

這就是令我擔心的真正原因，因為直到現在，我都還沒有看到真正幫助美國脫離此一困境的方案。美國經濟之所以落得如此地步，也許是由於一股難以控制的經濟力量使然。或許美國正如其他先進文明，如羅馬帝國、十六世紀的西班牙、十八世紀的法國和十九世紀的英國，即將邁入無法避免的衰退期。我認為我們將會經歷一段艱苦的日子，而我們也將因此重新學習金融的秩序與規範。

Q：你可曾使用過交易系統來從事交易？

我們曾經測試過多種交易系統，也找到一套相當不錯的系統。不過，此乃商業機密，不便多透露。

Q：這套交易系統是屬於何種類型，是反向操作，還是趨勢追蹤？

是趨勢追蹤。這套交易系統適用的基本前提是，當市場行情變動時，一定要呈大幅變動。假設市場行情在經過一段狹幅波動之後，波動幅度突然擴大，顯然就是預先告知市場行情將朝著波動幅度放大的方向邁進。

Q：你的基金目前是否有一部分是根據這套交易系統進行操作的？

我們在半年前才開始使用這套交易系統，成效還不錯。

Q：你認為一套好的交易系統抵得過一位高明的交易者嗎？

一套不錯的交易系統，由於其無限的計算能力，因此可以在任何市場中從事交易。然而一位高明的交易者，也只能專精於某個市場而已。畢竟，任何一項交易決策都是經由解決問題的過程而來的，至於問題的解決，可能是靠個人的力量，也可能是靠其他的方式。不過，由於市場之間的互動關係，以及市場的變化過於複雜，一般而言，交易系統仍然難以和交易者匹敵。

以下是兩週後，第二次訪問瓊斯的內容。在這兩週的時間內，瓊斯的交易已由做空轉變為做多。

Q：你兩週前還放空，是什麼原因使你改變主意？

因為市場並沒有如我所預料的下跌。從事交易必須眼觀四面，耳聽八方，我相信在市場價格變動之後，市場的基本面才會隨著改變。

Q：你是說假如你的預測正確，市場價格應會下跌，然而事實上，價格卻沒有下跌？

杜里斯曾經教導我時間的重要性。在交易時，我不僅採用價格停損點，也應用時間停損點。如果我認為市場應該有所變動，但事實上卻沒有，我通常就會立即出場，即使沒有虧損也是如此。根據一九二九年的股市類比模式，股市在那兩週期間應該下跌，但實際上卻沒有。這是三年來首次發生與我判斷背道而馳的現象。我認為，此乃經濟力量造成了股市變動時間延後的效果。

我認為，目前股市走勢與一九二九年股市有所不同的原因，是由於今天的信用比當年寬鬆許多。現在的富豪汽車公司甚至可以給客戶一百二十個月的汽車貸款。想想看！誰會十年都不換車。二十年前，汽車貸款的平均貸款期限為二十四個月，然而今天卻增加為五十五個月。我認為股市仍然會依照一九二九年的模式發展，只不過由於信用過於寬鬆，使得股市跟進的腳步延後了。

Q：我知道你和若干接受我採訪的交易者一樣，也訓練了一批交易者。請問你的動機是什麼？

我在二十一歲時，有一位前輩對我傾囊相授，這是我一生中最懷念的事。我覺得我也有義務如此對待後輩。

Q：你如何挑選學生？

經過無數次的面試。申請的人非常多。

Q：你總共錄取多少位？

大約二十五位。

Q：他們的表現如何？

有些的確不錯。不過，總體而言，還算差強人意。

Q：你認為這是不是因為要做一位高明的交易者，必須要靠一點天份？

我以前從來沒想過這點，不過我現在是這麼認為。我最大的缺點之一，便是過於樂觀，總認為每個人都可以成為成功的交易者。

Q：你對後輩最重要的忠告是什麼？

不要滿腦子只想著賺錢，要隨時注意保護自己已經擁有的東西。

Q：你認為自己在十年或十五年之後，是否還是一名交易者？

我別無選擇。

Q：贏錢和輸錢對情緒上的影響強度是否一樣？

當然輸錢是最令人沮喪的事，我的情緒會非常低落，甚至連頭也抬不起來。操盤對人的情緒有非常強烈的影響，就像活在兩極化的世界裡。

保羅・都德・瓊斯的交易生涯從一開始就相當成功。然而在事業初期，他的表現卻也時好時壞。瓊斯在經歷了一次慘痛的教訓之後，才深切瞭解到控制風險的重要性。自從一九七九年那次冒失的棉花交易之後，瓊斯便盡量降低風險，以確保每筆交易的獲利。

控制風險是瓊斯交易風格的一大特色，同時也是確保交易成功的關鍵所在。他從來沒有想過每筆交易能為自己賺多少錢，卻無時無刻不在想著可能遭到的虧損。他不僅關心自己每筆部位的風險，還密切注意其投資組合的表現。如果他的資產因為一筆交易而減少百分之一到百分之二，他可能就會毅然決然地拋出其所有的部位，以減少風險。「進場總比出場要容易一些。」他說。

如果瓊斯的交易一開始就表現得很差，他會持續縮小持有的部位。如此一來，即使交易陷入困境，他也只是以最小的部位進行交易。瓊斯會自動縮小其持有部位可能遭遇的風險，以確保每個月的虧損不超過兩位數字。另外，如果他的交易大發利市，他也會提醒自己不要得意忘形與過於自信。

簡單地說，瓊斯有十幾種不同的方法控制交易風險，而這正是如他所說的：「最重要的交易法則，就是要更重視防衛性，而不是攻擊性。」

蓋瑞・貝弗德
GARY BIELFELDT
聞名全球的公債大戶
Yes，They Do Trade T-Bonds in Peoria

許多年來，我一直聽說 BLH 是期貨市場，尤其是全球最大的期貨市場——債券市場的主力大戶，我起初還以為 BLH 是一家大公司的名稱，可是在尋訪全美頂尖的交易者之後，我才知道 BLH 指的是蓋瑞・貝弗德。

蓋瑞・貝弗德是誰？他哪來那麼多資本，在以法人機構為主力的華爾街公債期貨市場進出？貝弗德是在二十五年前，從一千美元的資金開始從事交易。最初，他因為受限於資金規模，只從事玉米期貨交易，最後他終於創造出令人驚羨的財富。

他是如何辦到的？貝弗德並不相信分散投資。他的交易哲學是：挑選一個投資項目，然後全力鑽營，成為該領域的專家。在他的交易生涯中，黃豆是他交易的重心，其次才是穀物。

雖然貝弗德從一開始，就希望能成為一位全職的交易者，可是由於資金規模太小，因此早期他只能做一個兼職的交易者，靠著在一家小經紀公司擔任職員來糊口。他當時面對的問題是：如何從一個欠缺資金的兼職交易者，變成一個具有充裕資金的專業交易者。然而貝弗德希望成為專業交易者的強烈慾望，使他勇於承擔較大的風險，籌措自己所需的資金。

到了一九六五年，貝弗德的資金已經從一千美元成長到一萬美元。當年，貝弗德根據自己對黃豆市場的瞭解，以及他的農業經濟教授湯瑪士・海歐納莫斯（Thomas Hieronymus）的意見，判斷黃豆價格將會上揚。

於是他孤注一擲，用所有的資金買進二十口黃豆合約。他想，如果黃豆價格下跌十美分，他就血本無歸了。起初，黃豆價格真的跌了，一度使貝弗德瀕臨破產邊緣。不過，貝弗德咬緊牙關，硬撐下去，最後終於等到黃豆價格翻升。當貝弗德賣出這二十口合約時，他的資產已增加了一倍。單單這一筆交易，就把貝弗德往全職交易者的目標推進了一大步。

從此之後，貝弗德的交易一帆風順。到了一九八〇年代初期，他的交易規模已經到達美國政府所規定的黃豆與穀物投機部位上限。由於這項因素，再加上一九八三年時一筆非常糟糕的黃豆交易，促使貝弗德將交易重心轉移到當時還沒有投機部位上限規定的公債期貨市場。（後來公債期貨市場也實施投機部位上限規定，最高不得超過一萬口合約，而黃豆期貨市場的投機部位上限則為六百口。）

對貝弗德來說，一九八三年在黃豆市場慘遭滑鐵盧，是其交易生涯的轉捩點。但也因此正好趕上在公債期貨行情跌到谷底的時候進入這個市場，並持有大量多頭部位。一九八四年中到一九八六年初，公債期貨行情大漲，而貝弗德由於長期做多，因此一舉成名，不但達到了成為全職交易者的目標，也成為了公債期貨市場中，少數幾位能與法人機構平起平坐的交易者之一。

儘管貝弗德目前已經是全球最大的債券交易者之一，可是他卻一再拒絕成為芝加哥商品交易所的場內交易者，因為這意味著他必須離開他所熱愛的家鄉，並且放棄他所珍惜的生活方式。貝弗德給人的印象，是典型的美國小鎮市民，誠實、勤奮、熱愛家園與鄉里。貝弗德目前的生活目標之一，即是以交易所賺得的財富回饋鄉里。

貝弗德在他寬敞、舒適的辦公室裡接受我的採訪。他的辦公桌有十部報價機圍繞，然而在我訪問他的那天下午，他卻很少去注意終端機的螢幕。

貝弗德是屬於溫文寡言型的人，他不願多談他在交易方面的成就，以免予人炫耀或吹噓的感覺。由於生性保守，因此即使是一些看似無關緊要的話題，他也會儘量迴避。例如我曾經問他某一筆交易失敗的經過情形，他卻要求我先關掉錄音機。我無法理解他為什麼會以如此謹慎的態度來面對這個問題，而他的回答更是令我驚訝。

原來該筆交易失敗的原因，不只是在於交易本身有瑕疵，還牽涉到做出太大的承諾，包括出任芝加哥商品交易所的董事。這個位置使他必須經常往來於芝加哥與其家鄉之間，很顯然地，他似乎不願讓別人認為他有意推卸交易失敗的責任。

貝弗德寡言、保守且內向的個性，使我的採訪工作備感艱難。事實上，這是我唯一一次問題比答案長的採訪。我曾經考慮把本次訪問的內容剔除，然而由於貝弗德的故事確實有其價值，我又捨不得如此做。因此，我採取折衷方案，擷取採訪的精華摘錄於本書之中。

Q：你從事交易與分析市場的基本方法是什麼？

我會做一些基本分析。不過，由於我發現很難通盤瞭解市場基本面，通常只要能瞭解到其中的百分之八十就不錯了，因此我還會依靠其他資訊，以免我的基本分析產生錯誤。

Q：我想你是以技術分析來彌補基本分析的不足？

是的，我開發出一套趨勢追蹤系統。

Q：你經常利用這套系統從事交易嗎？

我主要是用這套系統來幫助我決定，何時拋出持有的部位。

Q：你能舉例說明嗎？

一九八八年初，我預料美國經濟成長將會走緩，於是在債券市場做多。到了三月初時，債券行情突然下跌。在這種情況下，我必須承認這筆交易有瑕疵，而這套系統也適時地提醒我出場。

Q：這筆交易的瑕疵在哪裡？

基本上，美國經濟情勢並沒有我想像的那麼糟。

Q：你對趨勢追蹤系統有什麼看法？

如果要做一名交易者，可以從學習如何使用交易系統開始。剛出道的交易者，可以從趨勢追蹤系統中學習到如何獲利與減少虧損的竅門。

Q：你對出售交易系統給投資大眾的行為有何看法？

幾年前，我曾經研究過公開出售的交易系統，結果發現這些交易系統進行的交易次數太頻繁。如果一套系統經常進行交易，就會導致交易成本過高，並促使這套系統的獲利能力降低。我認為趨勢追蹤系統最好是屬於中、長期的系統，因為過於敏感的趨勢追蹤系統只會使交易手續費增加。

Q：趨勢追蹤系統除了能養成投資人的交易習慣外，你認為是否也可以提供有效的交易方法？

我建議要用趨勢追蹤系統進行交易的人，在交易時，必須加上自己的判斷。換句話說，他們應該把資金分為兩部分，一半採用趨勢追蹤系統進行交易，另一半則用自己的判斷來從事交易，以免趨勢追蹤系統失靈。

Q：你就是以這種方式進行交易嗎？

我以前比現在更注重趨勢追蹤系統。不過，目前我基本上是以自己的判斷為主。

Q：這是不是因為你自己的判斷可靠度較高？還是因為趨勢追蹤系統已不如以前靈光？

趨勢追蹤系統的效用已經大不如前，這是由於太多人使用相同的系統所致。如果市場上許多人都做同一件事，市場一定會經歷一段調整期。

Q：公債市場上最重要的基本面因素是什麼？

最重要的因素無疑是經濟情勢，至於其他比較重要的因素有四項：通貨膨脹、美元走勢、貿易赤字與預算赤字。

Q：你從事交易已經超過二十五年，閱歷遠較其他交易者豐富。在你的交易生涯當中，你認為哪一筆交易最值得一提？

其實並沒有多少值得大書特書的。不過，我搶搭上一九八三年與一九八四年債券市場行情自谷底翻升的那班列車，這的確值得一提。

Q：你是在什麼時候買進債券的？

當債券價格在六十二點到六十六點之間波動時，我開始買進。

Q：你當時在每筆債券交易時，容許自己承擔多少風險？

一般來說，是零點五點到一點五點。（公債期貨價格每漲跌一點相當於每口合約一千美元。）

Q：這麼說來，你等於是只要看到市場行情不對，就立刻出場，然後再伺機進場？

是的。

Q：由於債券當時跌幅已深，我想你在那段期間並沒有遭遇到多少打擊？

是的，我在那段期間只遭遇到幾筆損失而已。

Q：你還記不記得什麼時候曾因為選對時機進場而一帆風順的？

我在一九八四年五月的時候看多，當時政府標售的公債收益率為百分之十三點九三。我從一九七四年便跨進銀行業，而在一九八四年五月當時，我們很難找到願意接受三年期貸款利率百分之十三的借款人，然而政府標售的五年期中期公債收益率，竟然還比這個利率水準高出近一個百分點。此外，當時我的家鄉經濟景氣到達了谷底，失業率接近百分之二十，農業危機不斷惡化，我認為那樣的利率水準有可能已經夠高了。因此從那時起到一九八六年四月期間，我大肆做多公債，而那無疑是我做得最好且持有時間最長的一次。

Q：一筆完美交易的構成條件是什麼？

最重要的是要掌握勝利，乘勝追擊，並儘量減少損失。

Q：你如何在一個對你有利的行情中，持續持有某個部位？你是如何避免過早獲利回吐？

我認為最好的方法就是在交易之前先做通盤的考慮。你必須設計一套能夠應付多種偶發狀況的交易策略，如此才不會受到一些造成市場行情震盪的消息所影響，而被洗出場。同時，你也應該設計一個能夠保持勝利果實的長程目標。另外，你也可以利用趨勢追蹤系統，來指示你出場的時機。

我想，設定長程獲利目標，再加上一套防患於未然的策略，就應該可使你避免過早獲利回吐。

Q：大部分的交易者賺少虧多，這是什麼原因？

交易過於頻繁。因為那就表示他們必須每筆都獲利，才能彌補頻繁交易所損失掉的手續費。

Q：成功的交易者必須具備什麼條件？

最重要的是要具有果斷力，我想很多人都是如此告訴你的。第二，你必須要有耐性。如果你手上有筆不錯的交易，就應該好好把握。第三，你必須要有進場的勇氣，而勇氣則是來自於資金的充裕程度。第四，要有認輸的勇氣，這種勇氣也是以資金做為後盾的。第五，你必須要有強烈的求勝慾望。

Q：請你解釋何謂認輸的勇氣？

面對失敗的交易，你必須提得起，放得下。你絕不能因為一筆交易失敗，就被搞得心神大亂。

Q：你所謂的勇氣，指的是什麼？

假如在一場美式足球賽中，一個兩百六十磅重的後衛衝過來，而你只是個一百七十磅重的前鋒，那麼你就必須有勇氣面對迎面而來的彪形大漢。你進入市場時，也應該具有如此的勇氣。假如大家都看好美元，認為日圓將會大幅下滑，此時你就必須具有相當的勇氣，才能獨排眾議，買進日圓。

Q：你如何評斷自己的成功？

大部分人都是以事業上的成就做為評判的標準。例如老師會以學生的成績，以及學生日後在社會上的所做所為，做為評判的標準。交易者也許就是要以他在市場上的賺賠，做為評斷的標準。

Q：那麼你自己呢？

我是以是否能用交易上所賺的錢，來回饋鄉里，做為評判的依據。

Q：造福鄉里是不是推動你邁向成功交易者的動力之一？

是的。回饋鄉里的慾望確實有助於我交易事業的發展。

Q：你對新進的交易者有什麼建議？

開始從事交易時，千萬不要承擔太多的風險，以免難以負荷。

貝弗德接下來談到一些和打牌相關的交易策略，然而他並不希望我把這段話登出來，原因是他不願給人交易猶如賭博的錯誤觀念。但是，我發現他把交易比喻成打牌的概念，頗引人入勝，因此我說服了他讓我把這段對話登出來。

Q：請你解釋交易與撲克牌之間的共通性？

小時候我就學會打撲克牌。我父親曾教過我一些打牌的道理。你絕不可能每一把牌都跟，也不能堅持手中的牌一直不放。否則你會只輸不贏。你應該保留手中的好牌，而把壞牌打出去。當你手中都是好牌的時候，換句話說，當你確定手中的牌勝面較大時，你就應該加注，充分發揮這把牌的力量。

如果把這套打牌技巧應用到交易上，你獲利的機率就會增加。我在從事交易時，總會提醒自己要有耐心，等待各方面都對我有利的交易機會出現，這就像是在等好牌一樣。如果某筆交易苗頭不對，你就應該即刻出場，減少損失，這就像拿到一把壞牌時，乾脆即早放棄，以免輸得更多。另外，當市場走勢對你有利時，你就應該像是拿到一把好牌一樣，加碼下注，決心放手一搏。

貝弗德的故事說明了耐心在交易中的重要性。而他本人則證明了一個人完全憑藉自己的力量，也能成為全球最成功的交易者之一。

在對蓋瑞．貝弗德的訪問中，我最感興趣的是他用打撲克牌來比喻交易。這套打牌的觀念恰恰與交易中最重要的原則相符合：要有耐心，等待對自己有利的交易機會。

艾迪・塞柯塔
Ed Seykota

各取所需
Everybody Gets What They Want

艾迪・塞柯塔儘管在金融圈內名不見經傳，但是他的成就確實可以名列當今最高明的交易者之一。一九七〇年代初期，塞柯塔受僱於一家經紀公司，他在這段期間，開發出第一套代客戶操作期貨的電腦交易系統。這套系統獲利能力頗高，但由於該公司管理階層的橫加干預與猜忌，使其功能大打折扣。這段不愉快的經驗，是促使塞柯塔決定自立門戶的主要因素之一。

塞柯塔自立門戶之後，就用這套電腦交易系統為客戶和自己操作。在這段期間，塞柯塔所獲得的投資報酬率高得簡直令人難以置信。例如他的一位客戶在一九七二年投資他五千美元，到了一九八八年中，其投資報酬率高達兩千五百倍。就我所知，沒有任何一位交易者能在這段期間獲得如此高的收益。

在著手寫這本書之前，我根本沒聽過塞柯塔的名字。然而在我採訪麥可・馬可斯的時候，馬可斯卻多次提到塞柯塔，並且強調塞柯塔對其交易事業頗多助益。在訪問結束後，馬可斯對我說：「你知道嗎？你實在應該去採訪艾迪‧塞柯塔。他不只是一位了不起的交易者，更是一位天才。」

馬可斯替我打電話約塞柯塔。我在電話中向塞柯塔說明撰寫本書的主旨，於是塞柯塔答應我接受採訪。

塞柯塔是在家裡進行交易的。他住在加州東部的大花湖（Lake Tahoe）畔。在採訪之前，塞柯塔和我在湖畔散步，那是一個冷冽的清晨，田園景緻頗富詩意。塞柯塔的工作環境與我在華爾街簡陋的辦公室相比，簡直有天壤之別，我心中不禁湧起嫉妒之意。

塞柯塔的交易風格和我所採訪的其他交易者迥然不同。他的辦公桌四周並沒有安裝大排的報價機，事實上，根本連一部都沒有。他進行交易之前，也只不過花幾分鐘操作其電腦程式而已。在與塞柯塔的交談中，我深深折服於他的睿智與敏銳，他好像總是能夠從各種角度來觀察事情。在談分析技術時，他有如一位科學家（事實上，他擁有麻省理工學院電機工程學位），隨手可從電腦中叫出他自己發展的電腦程式和所設計的圖形。然而，當話題轉移到交易心理時，他又立刻變成一位觀察敏銳的行為學家。

其實，塞柯塔最近幾年確曾深入研究心理學。就我的觀察，幫助人們解決切身問題的心理學，已經成為塞柯塔生活、分析以及交易不可或缺的要素。對塞柯塔來說，交易與心理其實是一體的兩面。

塞柯塔的成功不只限於交易而已。事實上，他已經找到了自己的生活方式，而且懂得如何享受生活。

Q：你最初是如何與交易搭上線的？

一九六〇年代末期，我判斷當時美國財政部在停止拋售白銀之後，銀價會上揚，於是我開了一個商品保證金交易帳戶，等待這一天的來臨。然而在這時候，我的經紀人說服了我去放空銅期貨，不久我便認賠出場。於是我又回到白銀，坐等白銀多頭市場的來臨。最後，這一刻終於到來，我開始買進白銀期貨，但出乎意料之外的是，白銀價格卻開始下跌。

我起初簡直無法相信銀價會回跌，可是事實擺在眼前，不由得你不信。而我也因此對市場的互動關係與運作更加感到好奇。

在這段期間，我讀到一篇文章，討論如何以機械式的趨勢追蹤系統，在市場上致勝。我當時認為這種理論根本行不通，於是我設計了一套電腦程式來測試這種理論。結果，那篇文章所介紹的理論竟然證實無誤。儘管直到今天，我還是無法確定我這一生真正需要的是什麼，然而研究市場行情以及用資金來支持我對市場的看法，卻是我最感興趣的生活方式。

Q：你第一個與交易有關的工作是什麼？

我第一個與交易有關的工作是一九七〇年代初期在華爾街一家主要經紀公司擔任分析師。我被派到雞蛋與小雞期貨市場部門工作。才剛進公司就擁有提供交易意見給客戶的權力，我因此而感到洋洋自得。後來我寫了一篇文章，建議投資人暫時不要涉足雞蛋與小雞期貨市場，但是這篇文章遭到管理階層的大肆撻伐，原因是這篇文章顯然在阻止投資人進場。

當時，我希望用電腦來進行分析工作。你要知道，在當時，電腦只不過是用來從事計算工作的機器而已。而我對電腦的興趣過於濃厚，最後竟導致電腦部門主管誤會我要搶他的飯碗，於是對我的工作百般阻撓。我在這家經紀公司勉強待了一個月之後，便決定辭職。我的部門主管把我叫進辦公室，詢問我辭職的原因。我想這應該是他第一次真正有意和我討論問題。

後來我進入另一家經紀公司工作。這家公司當時正處於改組階段，管理階層尚未完全建立，我於是趁機在週末利用該公司的電腦測試交易系統。公司當時擁有一部 IBM360 電腦，而我大約花了半年的時間，以十種商品過去十年的資料，測試了四種交易系統中上百種的變化。如今，這項工作用個人電腦大約只要花一天時間就夠了。言歸正傳，經過測試，我證實了趨勢追蹤系統的確可以運用在實際的市場交易上。

Q：既然你是在週末才進行交易系統的電腦測試工作，我想你實際的工作應該不是這個。你當時在該公司所負責的工作到底是什麼？

我真正的工作是替路透社的電報機換紙，以及把電報機所傳來的新聞貼到牆上。可笑的是，公司裡根本沒有幾個人會去看這些新聞，於是我乾脆自己讀這些新聞，並且把較重要的內容傳送給經紀人。這項工作的好處之一是，我可以因此觀察到許多經紀人的交易手法。

Q：這份工作聽來根本就是充當公司小弟嘛，你怎麼會願意接受這樣的工作？

既然我已經決定要加入交易這個行業，就不會在乎工作內容與待遇。

Q：你為什麼不留在原來的公司？至少你在那裡還是一位分析師？

因為那裡的工作環境很難讓我發揮。我不贊成管理階層橫加干涉分析師的工作，甚至在分析師主張目前不宜交易的時候對其施加壓力，要求他改變對客戶的建議。況且，在那兒我根本就無法使用電腦來測試交易系統。

Q：你在進入第二家公司之前，難道就知道他們會允許你使用電腦嗎？

我不知道。不過，該公司當時正在進行改組，有若干主管遭到解僱。我猜想，既然該公司有許多部門主管都出缺，管理階層應該是無暇顧及到我使用電腦的事。

Q：你研究電腦化交易系統的工作後來進展如何？

最後，管理階層終於對我的研究成果產生興趣。我開發出第一套大規模電腦交易系統。

Q：你所謂的「大規模」是什麼意思？

這套程式後來經由公司數百名業務員推銷到市場上，在其管理下的資金共有約數百萬美元。在一九七〇年代初期，這是一筆相當大的金額。

Q：你如何讓管理階層支持你的研究工作？

他們與理察・唐契安（Richard Donchian）相識，而他又是趨勢追蹤交易系統的先驅，因此他們原本就具有以交易系統從事交易的觀念。更何況電腦系統在當時算是一個新名詞，在市場上也頗具有吸引力。

Q：你的交易系統在當時的表現如何？

相當不錯。但是，問題在於管理階層無法完全信賴該系統所發出的指示。例如交易系統有一次在砂糖以五美分成交時，發出了買進的指令。但是管理階層認為當時砂糖已經超買，因此不理會這個指令。然而砂糖價格持續上揚，管理階層於是決定只要砂糖價格下跌二十點（一百點為一美分）就買進。可是，砂糖價格仍然繼續挺揚，管理階層於是又改變策略，只要價格回跌三十點，就立即買進。但是砂糖價格當時根本沒有回檔。

最後砂糖價格上漲到九美分，而管理階層直到這時候才相信這是多頭市場，於是決定立即買進以免價格進一步揚升。至於結果，我想你也猜得出來，砂糖價格沒多久就開始回跌。可是，管理階層根本沒有想到這是因為忽視了交易系統所發出的指令，而犯下的嚴重錯誤。

就是因為這項錯誤，才導致一筆原本可以大賺的交易變成大虧，而這也是我後來辭職不幹的主要原因之一。

Q：你辭職的其他原因是什麼？

管理階層要我增加交易系統發出交易指令的次數，這樣他們就可以多賺些手續費。我向他們解釋，這麼做只會減低該交易系統的獲利率，可是他們根本不在乎。

Q：你辭職以後到哪裡去了？

我只是離開公司的研究部門，而轉到經紀部門發展。不過，兩年之後，我又放棄經紀人的工作，而改做資金經理人。這樣的轉變，使我脫離靠手續費維生的生活方式，而改以分享客戶利潤維生。我覺得靠賺取手續費過活對幫助客戶賺錢一點用處也沒有。

Q：你離開公司的研究部門之後，仍繼續使用那套電腦化交易系統嗎？

是的。不過，該系統多年來已做過多次改良。

Q：你能談一下你的操作成績嗎？

我只對外公開我操作成績的「樣本」。我有一位客戶在一九七二年投資我五千美元，現在該筆資金已成長到一千五百萬美元。理論上如果那位客戶沒有從帳戶中提錢，他賺的錢應該不止此數。

Q：你的操作成績如此傑出，可是你的客戶卻不多，這是什麼道理？

我很少接受新客戶，即使要接受，我也要經過長期考慮，並對該客戶進行訪問，瞭解他的動機和態度。我認為選擇客戶對我的操作成績非常重要。我要的客戶是能夠完全信任我，以及長期支持我的人。如果我的客戶過於關心我短期間內的表現，這就一定會對我的交易構成阻礙。

Q：你當初有幾位客戶？

在一九七〇年初，我大約有十幾位客戶。

Q：現在呢？

只有四位。有一位客戶在賺了一千五百萬美元之後，決定撤銷他的帳戶，改由自己管理。另一位客戶在賺了一千萬美元後，決定在海邊買棟房，然後退休，安享太平日子。

Q：你最原始的交易系統是運用何種分析方式來進行交易？

我最原始的交易系統與唐契安的移動平均數分析系統有所不同，是運用指數移動平均數（Exponential Averaging），因為它比較容易運算，而且運算的誤差在經過一段時間後會自動消失。這套系統在當時算是非常新的觀念，大家稱之為「權宜系統」。

Q：你曾經說你的交易系統後來經過多次改良。你怎麼知道你的交易系統需要改良？

交易系統其實並不需要改良，關鍵只是你必須開發出與你本人交易風格相容的系統。

Q：難道你的原始交易系統並不適合你？

我最原始的交易系統其實非常簡單，運用的交易原則很僵硬，不容我越軌。然而我發現，我在運用這套系統時，很難不摻雜個人的感覺。我當時覺得我應該比它高明，因此有時根本就不信任這套系統。此外，我也覺得，如果我不研究市場，簡直就是浪費自己的智慧以及在麻省理工學院所學到的知識。不過，隨著交易信心日漸增強，我也就對這套交易系統越感放心。同時，我也持續不斷地在系統中增添「專家交易法則」，以和我的交易風格相搭配。

Q：你的交易風格是什麼？

我的交易風格基本上是趨勢追蹤，再加上一些技術型態分析與資金管理的方法。

Q：老實講，你到底是如何使一套普普通通的電腦趨勢追蹤交易系統，獲得如此優異的表現？

關鍵在於應該把資金管理技巧融合到交易系統當中。市場上有許多經驗老道的交易者，也有許多勇敢的交易者，可是兼具經驗與勇氣的交易者卻很少。

Q：你還是沒有回答我的問題。我換一種問法，市場上有各式各樣的趨勢追蹤系統與資金管理方法，然而為什麼只有你做得那麼成功？

我想這和我的哲學觀有關。我用心感受市場交易，而且經常保持樂觀的態度。此外，我不斷從交易中學習，也不斷改善交易系統。還要補充一點，那就是我把自己與操作視為一套系統，我總是跟隨一套法則行事，但我有時候也會完全脫離這套法則，而依自己強烈的直覺行事。

這樣的交易結果可能會導致虧損，但是如果我無法在交易中增添一些自己的創意，最後我可能就會被壓得發瘋。因此，平衡工作心態也是登上成功頂峰的關鍵所在。

Q：請你比較系統交易方式與率性交易方式的優劣點？

系統交易基本上也是率性交易。資金經理人不論採取何種方式，他都必須決定承擔多少風險、要進入哪一個市場，以及是否要依據資金的多寡增減持有的部位。這些都非常重要，甚至要比進場的時間還重要。

Q：在你所有的操作中，依照系統交易方式操作所佔的比例有多少？這個比例是否會隨時間而有所改變？

我的操作越來越偏重於跟隨交易系統行事，因為（一）我越來越相信趨勢追蹤的交易方式，（二）我的交易程式益臻精密。有時候，我還是會認為自己的判斷可以勝過趨勢追蹤系統，可是這種想法在經過幾次失敗後，便漸漸消失。

Q：你對趨勢追蹤交易系統的前景有何看法？這類交易系統是否會因為日益普遍而導致應用的成效大減？

不會。其實所有的交易都具有某種系統化的特質。許多相當成功的交易系統都是根據趨勢追蹤的理念設計的。生命本身其實也有順應趨勢的現象。當冬季來臨時，鳥類就會南飛，公司也會依據市場趨勢改變產品策略。

交易系統表現優劣亦有其週期可循。交易系統表現突出時，一定會大為風行，然而當使用人數大增時，市場趨勢就會變得起伏不定，導致交易系統無用武之地，於是使用的人數勢必會減少，而這又會促使市場行情再度恢復到可以使用交易系統掌握其脈絡的地步。

Q：你對運用基本分析的交易有何看法？

我認為基本面資訊一般來說並沒有用，因為市場早已將它反應在價格上了，我稱它為「奇妙心理」。但如果你能比別人早一步知道某些基本面的變化，那又另當別論了。

Q：這是否表示你只使用技術分析進行交易？

基本上，我是一個已經具有二十年經驗的趨勢交易者。我需要的資訊，依其重要性的排列為（一）長期市場趨勢；（二）目前走勢型態；（三）買賣的時機與價位。至於有關基本面的訊息則排在第四位。

Q：選擇買進時機是否意味選擇一個會反彈的價位進場？若是如此，你如何避免錯誤？

不是。如果要買進，我的買進價格會在市價之上。我要在這個價位進場，是因為我認為市場動力會推動價位朝某個方向前進，如此一來價格風險會比較低。我不會想去找頂部或底部。

Q：如果你看好後市，你會在短期強勢出現時進場，還是等待行情回檔時才進場？

如果我看好後市，我會儘早進場。我通常會在停損買單被軋的時候轉做多，而在觸及停損賣單時反向做空。

Q：你可曾運用反向思考法從事交易？

有時候會。例如在最近的一次黃金會議上，發表意見的人都看壞黃金市場的後市。我於是告訴自己：「金價也許已經跌到谷底了。」（事實證明塞柯塔的看法是正確的。在這項會議結束後，金價便立刻開始彈升。）

Q：請你談一下你最戲劇化與情緒化的交易經驗？

戲劇化與情緒化的交易結果都是虧損。自傲、希望、恐懼與貪婪都是阻撓交易成功的障礙。

Q：談談你在這方面的「實戰經驗」如何？

我想還是不要談的比較好。因為我每結束一筆失敗的交易，總會儘量設法忘記這個不愉快的經驗，然後全神貫注等待新機會。在我埋葬這筆交易後，我就不願意再把它挖出來了。也許某個晚上，在用過晚餐後，坐在燈火旁邊，我會回憶過去，但是，不是現在……

Q：你如何選擇交易機會？

大部分是透過交易系統。不過有時候，我也會因為一時衝動而進場。所幸因衝動而進場交易的部位都不大，不至於傷及我的投資組合。

Q：交易成功要具備那些要素？

關鍵是（一）停損，（二）停損，（三）停損。你只要遵守這三個原則，你的交易就有成功的機會。

Q：你如何面對手氣不順的逆境？

我會減量經營直到完全停止交易為止。在虧損時增加籌碼，試圖翻本，無異於「自作孽，不可活」。

Q：基本上，你是根據交易系統來從事交易的。可是，如果完全倚靠交易系統，在輸錢的時候它應該不會指示你減少活動吧？

我在電腦程式中加了一些邏輯，例如根據市場情勢調整交易活動。不過，總體而言，一些重大的決策都是在交易系統之外做成的，例如如何分散風險等。

就心理面來說，我會依據操作的表現改變交易活動的大小。如果正在獲利，我的交易活動就會比較具有攻擊性，反之則會減少。如果你正在虧損，卻又情緒化地增加交易活動，希望挽回頹勢，那麼你一定會損失慘重。

Q：你是自修成功的交易者，還是曾經接受別人的提攜？

我是自修成功的交易者。不過我也經常研究其他交易者的電腦操作策略。

Q：你在進場交易的時候，是否就已經設定出場的時機？

我在進場時就設定好了停損點。不過當市場情況變得難以預測時，我就會獲利了結。如此一來，縱使獲得的利潤會減少，但卻可以減少我投資組合的風險，而且也不會因此被弄得緊張兮兮的。

Q：每筆交易願意承擔的最大風險，佔你資產的比例是多少？

我每筆交易只願意承擔最多百分之五的風險。不過，有時當重大消息導致市場行情突破我的停損點時，我遭致的損失通常都會高於這個水準。

Q：你是一位非常傑出的交易者，請問是什麼因素使你如此傑出？

我認為我的成功是來自於我對市場交易的熱衷，交易對我而言，不只是嗜好或事業，而是我的生命。我深信我註定就是要做一名交易者。

Q：你所遵循的交易原則是什麼？

（一）減少虧損。（二）乘勝追擊。（三）小量經營。（四）毫不猶豫地遵循市場法則。（五）知道何時該打破交易法則。

Q：最後兩條原則顯然相互衝突。老實講，你到底是遵循哪一條，是毫不猶豫地遵循交易法則，還是知道何時該打破交易法則？

兩者我都相信。大部分時間我會遵循既有的交易法則。然而我會不斷地研究市場情勢，有時候也會發現新的交易法則，用以取代既有的交易法則。有時所遭遇的壓力到達極限時，我就會完全脫離市場，直到我自認為可以遵循交易法則時才再進場。也許有一天，我可以依循較明確的法則來說明如何打破既有的交易法則。

我並不認為交易者可以長期遵循某條交易法則，除非該法則恰能反映他的交易風格。其實，總有一天他會發展出新的交易法則來取代既有的。我想這就是交易者必經的成長過程。

Q：你的交易成績在哪一年最糟？為什麼？

我最慘的一年是一九八〇年。當時多頭市場已經結束，然而我卻堅守多頭，並且持續逢低承接。我以前從未見過如此龐大的空頭市場。那次經驗給了我相當大的震撼。

Q：難道你的趨勢追蹤交易系統在一九八〇年失靈了？還是你根本就沒有理會交易系統給你的指示？

當時市場呈現劇烈波動，交易系統也無從發揮效用，但我卻不顧一切地持續從事交易，不斷進出，想抓住最高點與最低點，然而市場卻不聽使喚。那一年我損失慘重。

Q：你對一般交易有什麼建議？

他應該找一個超級交易者替他從事交易，這樣他就可以高枕無憂，做自己愛做的事。

Q：你認為分析圖表對交易有用嗎？

趨勢追蹤就是分析圖表的一種。根據分析圖表從事交易有如衝浪，你不必瞭解波浪起落的原因，就能成為一名衝浪高手。你只要能感覺到波浪湧起並且能掌握乘浪的時機就夠了。

Q：你在一九八七年十月股市風暴期間的交易成績如何？

我在股市崩盤當天賺了一大筆。事實上，我在那一年的交易成績也相當不錯。不過，由於我在利率期貨市場做空，因此在股市風暴的第二天產生虧損。當時大部分的交易者不是放空股票和股價指數期貨，就是乾脆出場觀望。

Q：今天的市場是不是因為專業資金經理人大增，而與五年或十年前的市場有所不同？

沒有，市場仍像以前一樣不斷變化。

Q：你的資金規模變大，是不是使操作更難？

這種情況的確會使操作變得比較困難，然而也會變得比較輕鬆。困難的是，你很難在不影響市場的情況下進出。但變得比較輕鬆的是，你可以找到許多能幹的人手來支持你從事交易。

Q：你所謂的支持是什麼意思？

比如說一批專業且經驗豐富的經紀人。另外，有些老前輩甚至可以嗅出市場行情的波動。我同時也可以從家人、同事及朋友處獲得我所需要的支持。

Q：你是否會依據同行的意見下決定？或者你完全是獨立作業？

我通常不會理會同行的看法，尤其是那些自以為是的交易者的看法。有些老前輩「可能會這樣」的看法，反倒是十拿九穩。顧問建議及市場資訊通常也不太管用。

Q：你在何種情況下才會對自己的交易感到自信？

其實我的信心是在「我會贏」以及「我運氣不錯」之間遊走。有時候，我才剛開始對自己的能力感到自豪，結果接下來所面臨的就是一筆慘不忍睹的虧損。

Q：股市是否有別於其他市場？

股市不但有別於其他市場，而且其本身也難以捉摸。這句話聽起來似乎難以理解，然而要瞭解市場根本就是件徒勞無益的事。我認為要瞭解股市就像要瞭解音樂一樣沒有道理，有許多人寧願瞭解市場而不去瞭解賺錢的機會。

Q：你說「股市難以捉摸」是什麼意思？

股市難以捉摸是因為股市的行為模式很少會重複。

Q：超級交易者是否都具有交易的特殊天分？

高明的交易者具有交易的天分，就如同音樂家與運動家具有天分一樣。但是，超級交易者是天生註定要從事交易，他們並不是擁有交易的天分，而是命運掌握了他們。

Q：交易要成功，天分與努力孰輕孰重？

我不知道這兩者之間有輕重之分。

Q：運氣對交易成功的重要性有多大？

運氣非常重要。有些人很幸運，天生就聰明，然而有些人更聰明，而且生來就有福氣。

Q：你是否能說的更清楚些？

運氣、聰明和天賦往往會被認為是造成某個人具有特殊成就的原因。有些人的確天生就是音樂家、畫家或分析師。我認為操作的天賦很難靠後天學習而得。我只能去發掘具有操作天賦的人，然後再加以培養。

Q：當你賺到幾百萬美元的時候，你是否會收起一部分，避免遭受到所謂「傑西．李佛摩（Jesse Livermore）經驗」？（李佛摩是美國二十世紀初一位知名的投機客，此人曾多次

把賺得的錢財賠個精光。）

我認為「李佛摩經驗」是一種心理方面的問題，而與資金管理無關。事實上，我記得李佛摩曾經把他所賺得的一部分財產保存起來，可是在他需要的時候卻又拿出來使用。因此，要掌握勝利的果實，就必須克服把保存起來的那一部分再拿出來使用的衝動，這與是否要躲避「李佛摩經驗」並無關連。如果你陷入「我要翻本」的情緒中，雖然這種感受很刺激，可是代價卻相當昂貴。

最好的方法就是在輸錢時越賭越小。這樣做可以讓你保持資金的安全，情緒也可以因此漸趨平穩。

Q：我發現你的書桌上並沒有裝設報價機。

對交易者而言，擁有一台報價機就像賭徒面對一台吃角子老虎的機器，其結果一定是不停地餵它銅板。我都是在市場收盤後，再收集我所需要的市場價格資料。

Q：為什麼有那麼多交易者最後都步入失敗的命運？

這就和大部分小烏龜無法長大是同樣的道理。經過淘汰的過程，只有適者能生存。被淘汰的人只有向別的領域求發展。

Q：失敗的交易者要怎麼做才能變成成功的交易者？

失敗的交易者很難改頭換面而變成一名成功的交易者，因為他們根本不會想去改變自已。

Q：你認為心理因素與市場分析在一筆成功的交易中，重要性各有多少？

在交易當中，求勝的意志是從事交易的推動力，而市場分析就像是地圖。

Q：你認為一名成功的交易者應具有什麼特質？

（一）熱愛交易，（二）熱愛勝利。成功的交易者在任何市場上，只要翻滾幾年，都能成功。

Q：難道不是每一位交易者都希望贏嗎？

不管想輸還是想贏，每個人都能在市場上如願以償。有些人似乎天生就是喜歡輸，因此他們最大的勝利就是輸錢。

我認識一位交易者，他每次都能以一萬美元的本錢在數個月之內賺進二十幾萬美元。接著他的心態就會發生變化，把贏來的錢全部吐出去。有一次，我和他一起進行交易，我在他的心態發生變化之前出場，結果他又一如往常地賠得精光，而我卻賺了一筆。我想他根本就不想改變他這個老毛病，因為他可以從中得到許多樂趣，就像是殉道者一樣，可以博得別人的同情與注意。這似乎才是他從事交易真正希望得到的。

我有一位醫生朋友，他曾經告訴我一則有關癌症患者的故事。這名病患以其病情來吸引別人的注意並指使其家人。後來我的朋友與病患的家屬做了一項實驗，他們告訴這名病患，目前有一種注射藥劑可以治好他的病，然而他卻不斷地找藉口逃避注射。我想，這位病患認為他在家中的政治地位，遠比自己的生命還重要。同樣的道理，有些交易者在從事交易時，可能會認為其他的事物要比獲利更重要，只是他們不願意承認而已。

Q：我想總也有一些想贏，可是卻因為欠缺技術而失敗的人吧？

求勝意志強烈是一件令人愉快的事，因為它會促使人們去尋求各種能夠滿足需求的方法。求勝心切而又欠缺技巧的人，其實可以找一些具有專業技術的人來協助他們。

Q：我偶爾會做一些有關市場未來走勢的夢，儘管這種情形發生的頻率不高，可是有些夢最後卻會演變成事實。你可曾有過如此的經驗？

我認識一些人，他們宣稱有時可以藉著夢來預測市場未來的走勢。我想夢的功能之一，是把真實世界中難以整理的資訊與感覺整合起來。例如有一次，我曾告訴許多朋友，白銀行情將會上揚，但事實上銀價卻開始回跌。我當時並不在意，而且猜想這只不過是暫時回檔整理而已。可是我卻得忍受虧損和朋友的譏笑。那一陣子，我經常夢到自己搭乘一架失去控制，面臨墜毀的銀色飛機。最後，我決定拋出我的白銀部位，自此以後就再也沒有做過同樣的夢了。

Q：你如何評定成功？

我從不評定成功，我只慶祝成功。我認為一個人成功與否，與其是否能夠回應命運的感召有關，而與財富的多寡無關。

千萬不要被塞柯塔的幽默所迷惑，他的談話其實蘊藏著發人深省的智慧。就我個人而言，他最具震撼性的一句話是：「每個人都能在市場上如願以償。」

當塞柯塔說出這句話時，我最初的反應是以為他在耍嘴皮子。經過思索以後，我才發現他的態度的確相當認真。他的觀念是：每位輸家的內心深處，其實都蘊藏著求輸的潛意識，因此即使獲得成功，也會不自覺地破壞勝利的果實。

儘管我邏輯化的腦袋並不十分理解這個觀念，可是我很佩服塞柯塔對市場與人類行為所擁有的知識。我會儘量嘗試去瞭解他所謂「每個人都能在市場上如願以償」的真意。這真是一個令人聳動的概念。

賴瑞·海特
LARRY HITE

控制風險
Respecting Risk

賴瑞・海特對金融市場感興趣，是被大學時代的一門課所激發出來的。然而他步入華爾街的路途就像摩西前往以色列一樣坎坷曲折。海特初入社會時，誰都無法想像這個年輕小夥子日後竟然會在金融市場上揚名立萬。

首先，他以不十分理想的成績從大學畢業；之後他開始工作，儘管他曾經從事各種工作，卻沒有一項能維持長久。最後，他以充當演員與編劇維生。他寫過一部不曾拍成電影的劇本，但是電影公司選它做為備用劇本，因此這成了他收入的穩定來源。

一天，海特在收音機裡聽到一名投資專家韓特述說自己如何以買賣原油選擇權而發財的經過。當天晚上，海特又在一個派對上結識披頭四的經理伯恩・依普斯坦（Brain Epstein）。這兩個遭遇終於引發海特進軍金融市場的野心。海特當時心想：「他（指披頭四的經理）真是個以小博大的傢伙。」

海特後來從依普斯坦那兒爭取到幾份填詞的合約，

賴以糊口。然而他對進軍金融市場的意念卻是有增無減。後來他在接受我採訪時，曾自我調侃說：「你經常聽說某人從華爾街出來，改行做編劇，而我卻是放棄編劇，進入華爾街。」一九六八年，海特終於決定涉足金融市場。由於對這個領域一竅不通，於是他決定從股市經紀人做起，幾年後，他成為一名全職的期貨經紀人。

經過十幾年的磨練，海特認為自己在市場上所學到的專業知識已經足以使其長期獲利，於是他成立明德投資管理公司（Mint Investment Management Company）。海特知道自己的交易理念必須經過嚴格的科學測試，於是他邀請統計學博士彼德・馬修（Peter Matthews）入夥，並且在一年後，聘請曾經任職一家國防電子公司的電腦程式專家麥可・狄爾曼（Michael Delman）到其公司負責有關電腦方面的工作。在馬修與狄爾曼的協助下，海特的交易理念終於獲得統計與數學上的證實。而海特也不斷強調，明德投資管理公司能夠獲致成功，馬修與狄爾曼兩人功不可沒。

海特的投資理念並不在於獲取最大的投資報酬率，而是透過嚴格的風險控制，維持投資報酬率持續穩定成長。這也正是明德投資管理公司最大的特色之一。根據統計，從一九八一年四月份到一九八八年中期，明德投資管理公司平均年投資報酬率在百分之三十以上，然而更引人注目的是，該公司的年投資報酬率是介於百分之十三到百分之六十之間，六個月的最大虧損率低於百分之十五，廿個月虧損率更低於百分之一，表現得相當一致。

明德投資管理公司傲人的業績使其管理的資金呈現鉅幅成長。在一九八一年四月份時，該公司的資金只有兩百萬美元，如今已成長到八億美元的水準。雖然明德投資管理公司目前管理的資金相當龐大，不過這並沒有對其交易造成阻礙。根據海特的估計，明德投資管理公司的能力足以管理二十億美元的資金，簡直稱得上是超級期貨基金。

我的採訪是在紐約世界貿易中心的世界之窗餐廳進行的。我和海特一直聊到餐廳下逐客令為止，之後又到海特的辦公室談了好一陣子才結束採訪。

Q：你是從什麼時候才開始對金融市場感到興趣的？

我在大學唸書的時候，選修了一位商學系教授的課程，這位教授頗有幽默感。我舉個例子，他曾經在銀行擔任查帳的工作，有一天，他在查完帳之後，回頭開玩笑地對銀行經理說：「我逮到你了！」結果竟把那位經理嚇得心臟病發作。後來，他進行第二次查帳，發現那位經理竟然真的挪用了七萬五千美元的公款。

有一次這位教授在課堂上介紹如股票、債券……等金融工具。最後他說：「現在讓我們來談談最瘋狂的期貨市場。在這個市場中，投資人只用百分之五的保證金即可進行交易，而且這些保證金甚至都還是借來的。」全班人全都大笑不止，只有我例外。我覺得用百分之五的保證金進行交易，其實是一件相當合理的事情。

Q：你是從什麼時候開始涉足金融市場的？

那是好幾年之後的事。我當時是一名唱片企劃，有一天，我下定決心要改行，去追求我真正的興趣——金融操作。儘管我最感興趣的是期貨，可是由於我對此一竅不通，於是我決定從股市經紀人幹起。

我最先是到一家保守的華爾街證券公司應徵。接見我的人是那種從牙縫間綳出聲音的康乃狄克佬。他告訴我：「我們只替客戶買進藍籌股。」

我當時毫無金融市場的知識，也搞不清楚藍籌股是什麼。面試之後，我突然想到賭場中最貴的籌碼就是藍色的，於是我告訴自己：「啊！現在我懂得是怎麼一回事了。就是賭博嘛！」於是我丟掉剛買的《證券分析》一書（寰宇出版 F316／F317，這本書被股市分析師視為經典之作），而去買了一本《如何擊倒交易者》（Beat the Dealer）。我當時有個想法：成功的投資其實與勝算有關，只要能計算出輸贏的比例，就等於是找到了市場上獲勝的方法。

Q：你憑什麼認為自己可以發展出能夠增加勝算的方法？

我當時也只是一知半解，但經過多年交易經驗的累積，我瞭解到市場的運作其實並沒有效率。我有一位唸經濟的朋友，他曾經一再向我解釋，要想戰勝市場所做的一切努力其實都是徒勞無功的，因為「市場的運作非常有效率」。然而我卻發現，所有告訴我市場運作具有效率的人，都無法賺大錢。我這位朋友同我爭辯說，如果我能設計出一套在市場中致勝的電腦交易程式，別人一樣也能做到，而這些系統的功用在市場上一定會相互抵銷。

Q：你為什麼會認為他的論點不對？

雖然有人能夠設計出在市場上致勝的交易系統，但也有人會犯錯。有些人在交易賠錢的時候，會更改交易系統。有些人根本不相信交易系統，總會懷疑交易系統所發出的指令。

根據以上的說法，我們可以得到一個非常重要的結論，那就是，人是不會改變的。而這就是市場交易這場遊戲能持續發展的原因。

在西元一六三七年，荷蘭鬱金香的交易價曾經高達五千五百銀幣，後來卻慘跌到五十銀幣，跌幅達百分之九十九。你也許會說：「在那個時代，交易是一項新鮮玩意，市場也才初具雛型而已。今天我們遠比那個時代的人進步，因此絕不會再犯同樣的錯誤。」好吧！我們再來看看一九二九年空氣壓縮（Air Reduction）公司的股價，它從每股兩百三十三美元的高檔大跌到三十一美元的水準，跌幅高達百分之八十七。你也許會說：「二十年代是一個瘋狂的時代，現在的情況與當時截然不同。」

那麼我們再來看看一九六一年德州儀器公司（Texas Instruments Co.）的股票，它從每股兩百零七美元跌到四十九美元，跌幅達百分之七十七。如果你認為八十年代的我們比當時又更進步，那就不妨看看白銀價格從一九八〇年的五十美元高檔慘跌到五美元的價位，跌幅高達百分之九十。

我所要說的重點是：人是不會改變的。如果你有堅定的意志以及高度的自信，那麼只要把以往發生過的市場情況拿來測試你的交易系統，你就能瞭解交易系統面對未來情勢所能發揮的作用。而這就是我在市場上致勝的利器。

Q：市場未來的變化，是否可能和過去有所不同？

市場未來的走勢也許會改變，可是人卻不會改變。當我們還在測試交易系統時，我的夥伴狄爾曼想出了一個運用過去任何一段持有期間來測試市場系統的方法。當你要真正評估一套交易系統的價值時，如果只以過去某一年做為測試的基準，必然會失之武斷。你真正應該做的，是去瞭解該系統在任何一段持有時間獲利的機率。

在測試期間，我的另一位夥伴馬修發現，該交易系統在任何六個月的持有期間內，其獲利的機率是百分之九十，在任何十二個月的持有期間內，獲利機率則是百分之九十七，而在任何十八個月的持有期間內，獲利機率則為百分之百。該系統在經過七年的應用之後，其實際的獲利機率在六個月、十二個月與十八個月的持有期間內，分別為百分之九十、百分之九十九與百分之百。

讓我告訴你，我對我的交易系統多麼具有信心。我有一位屬下，以前是英國皇家陸軍上校，也是一名拆卸炸彈的專家。我曾經問他：「你是如何拆卸炸彈的？」他回答：「其實並不難。炸彈的種類有許多種，比如說馬來西亞製造的炸彈就和中東製造的不同，你只要能分辨出是哪一種炸彈，然後依其構造拆開來就行了。」

我又問他：「如果你碰到一枚你從來沒見過的炸彈，你應該怎麼辦？」他看看我：「那麼，你又知道一種新炸彈了，不過你最好祈禱這不是你所碰到的最後一枚炸彈。」

有一天，我走到他的辦公室，發現這位具有鋼鐵般意志的人竟然泫然欲泣。我問他怎麼回事？原來是聯邦準備理事會突然改變貨幣政策，使市場遭受嚴重打擊，我的基金也從每股十五美元跌到十二美元，而他才剛接到一位新客戶。於是我命令他：「替我打電話給那位客戶！」他有些不敢相信自己的耳朵：「什麼？」我又加強語氣地慢慢重複一遍：「替我打電話給那位客戶。」

當我還是經紀人時，我的老板就曾經告訴我，假如你的客戶賠了錢，即使你不打電話告訴他，別人也會告訴他的。於是我在電話中向那位客戶解釋說，根據我們的經驗，客戶賠錢的情況大約每隔幾年就會發生一次，不過我相信我們的基金價值在九個月之內不但會止跌回升，而且還會創下新高。我說：「事實上，我還向朋友借了一筆錢投入該基金。」那位客戶驚訝的說：「你真的這麼做嗎？」我向他保證，我的確是這麼做了。

結果那位客戶不但沒有撤銷帳戶，反而把投入的資金增加一倍。如今，他已成為我最大的客戶之一。我為什麼能如此肯定？因為我瞭解我的交易系統，並對其深具信心。成功的交易者也許不知道明天的市場情況會如何，但是他一定對未來長期走勢有相當清楚的概念。

我有一位朋友，曾經因為做期貨而破產。他無法瞭解為什麼我能夠一直用電腦交易系統進行交易。有一天，當我們在打網球時，他問我：「賴瑞，你這樣做難道不會感到厭煩嗎？」我告訴他：「我從事交易不是為了尋找刺激，而是為了求得勝利。」這樣的交易方式也許很無聊，但卻相當有效。當我和其他交易者聚在一起，而他們談論自己驚心動魄的交易經驗時，我總是沈默不語，因為對我而言，每筆交易都是一樣的。

Q：許多交易者使用趨勢追蹤交易系統，然而幾乎沒有人不對它產生懷疑。貴公司為何能夠與眾不同？你又是如何使投資報酬和風險的比例高於一般產業水準？

因為我們知道自己無知。不論得到的市場資訊有多麼完整，不論交易技術有多麼高明，任何人都無法避免犯錯。

我有一位靠交易賺進一億美元的朋友，他曾經傳授我兩條基本交易原則：

第一，只要你不是拿全部的家當下注，即使交易失敗，你還是可以全身而退。

第二，假如你知道交易最壞的結果會是什麼，你就可以擁有最大的交易空間。簡言之，雖然你無法控制獲利，但你可以控制風險。

我舉個例子來說明我對控制風險的重視。一位重量級的咖啡豆大交易商曾經邀請我到他在倫敦的寓所小住。當他請我到一家高級餐廳用餐時，他問我：「賴瑞，為什麼你對咖啡的瞭解比我還多？我是全球最大的咖啡豆交易商，我知道船期，也認識政府部長級的人物……」我回答：「你是對的，我對咖啡豆根本一竅不通。事實上，我連咖啡都不喝。」他又問：「那麼你是怎麼從事交易的？」我告訴他：「我只看風險。」

那頓晚餐花了大約幾個小時的時間，在那段期間，他問了五次我是如何從事咖啡豆交易的。而我則是告訴了他五次，我著重於控制風險。

三個月之後，我聽說他在咖啡豆期貨市場虧了一億美元。他顯然不瞭解我所謂控制風險的含意。你知道嗎？在咖啡豆方面，他確實懂得比我多，然而要命的是，他根本不注意風險。

明德投資管理公司的第一條交易法則是，每筆交易所承擔的風險絕不可高於總資產的百分之一。把交易風險控制在最低點，是一件非常重要的事。

我認識一位交易者，他的一位客戶臨時撤銷帳戶，使他的基金減少了一半。可是，他並沒有把交易的規模減少一半，而是仍然以原來的合約數進行交易。最後，他的資金輸到只剩下原來的十分之一。風險是不能掉以輕心的，它絕不容許你出差錯。如果你不能控制風險，總有一天你會淪落到受風險控制的地步。

明德投資管理公司的第二條交易法則是，絕對要跟著趨勢走，而且要完全信任交易系統。

事實上，公司明文規定，任何人都不得擅自違反交易系統所發出的指令，正因為如此，公司才會從來沒有失敗的交易。總體而言，交易分為四種：成功的交易、失敗的交易、賺錢的交易和賠錢的交易。大部分的人都以為，賠錢的交易就是失敗的交易，其實不然。即使是賠錢的交易，也可能是成功的交易。

比如說你做了一筆交易，成功與失敗的比例是五十比五十，賭贏可以賺二美元，賭輸將賠一美元。這樣的交易，即使是賠錢，也算是一筆成功的交易，因為這種賭局的重點不在於你起初是否賠錢，而在於你是否能持續這樣的賭下去，只要能持久，你最後一定會是贏家。

第三條法則，則是要以分散投資來減少風險。

分散投資有兩個方法，一是在全球市場操作盡可能多的項目。我們在全球市場所操作的項目，可能比任何其他交易者都還要多。另一個方法是絕不使用單一的交易系統從事交易。我們會使用各種不同的交易系統，來從事長期與短期的交易。這些交易系統如果單獨使用，不見得具有多大的效用，不過我們也不在乎，因為我們所要的是同時使用這些交易系統，而將風險降至最低。

明德管理風險信守的第四條法則是追蹤市場起伏，當市場起伏大到有損期望報酬／風險率時，我們便停止在該市場交易。

此外，公司採用三種燈號，來辨別交易系統指令的可接受性。綠燈時，我們完全接受交易系統的指令。黃燈時，我們會根據指令出清目前的部位，而不會再增加新的部位。紅燈時，我們就會自動出清所有的部位，而且也不會增加新的部位。

例如，在一九八六年，咖啡豆價格曾經從一點三〇美元上揚到二點八〇美元，然後又回跌到一美元的水準。在這段期間，公司於一點七〇美元時釋出多頭部位，然後就不再進場。我們這筆交易本來也許可以賺得更多，但在市場行情上下震盪如此劇烈時，上述的作法就是我們控制風險的方法之一。

Q：如此說來，你和其他交易者的不同之處，即在於你發展出一套指引你何時進場或出場的方法？

其實在任何一場遊戲或競賽中，即使是條件最差的人也有可能獲勝。我們可以把參與市場交易的人，大致上分為三類：交易者、場內交易者與投機客。交易者擁有最完整的交易資訊，而且也擁有最容易出脫手中部位的方法。如果在期貨市場上虧損，他們仍然可以設法在現貨市場上降低風險。場內交易者則擁有時間方面的優勢。以時效而論，沒有人能趕得上場內交易者。至於投機客，雖然沒有市場資訊與時間方面的優勢，但他們具有選擇進場時機的優勢。投機客可以選擇市況對自己有利時才進場，這就是他們的優勢。

Q：你非常重視風險管理。是什麼原因，促使你有如此的態度？

當我最初接觸期貨交易的時候，我注意到如果買進九月份豬腩，然後在七月以前賣出，幾乎是穩賺不賠。於是我邀集幾個朋友，湊了一筆錢從事豬腩期貨交易，結果真的賺了。我非常高興，自以為是天才。

當時，我有一位從事玉米期貨交易的朋友，說服我買進較遠月份的玉米，賣出較近月份的玉米，雖然當時我只懂豬腩，對玉米一竅不通，不過我想以某個月的多頭部位來抵銷另一個月份的空頭部位，應該是一筆相當安全的交易。但是沒隔多久，政府突然公佈了一份出乎意料之外的玉米收成報告，導致我的多頭部位持續跌停，空頭部位卻一直漲停。

當時我沮喪得不得了。我記得自己走到樓梯口，不禁雙膝跪地，大聲哀求：「老天，我不在乎賠多少，可是千萬別讓我背負一屁股債。」正當我跪在地上向上天禱告時，一位瑞士銀行家恰巧從我身旁經過。直到今天，我還在猜想那位銀行家當時心裡在想什麼。

Q：你是否還有其他因為不注重風險管理，而遭致嚴重損失的慘痛經驗？

我本人並沒有。不過，在我的交易生涯中，我經常親眼目睹別人不注重風險管理，而遭到重大打擊的慘痛經驗。

我在年輕時代擁有過一輛機車，而我一位老愛惹是生非的朋友曾經告訴我：「賴瑞，騎機車的時候，千萬別和汽車爭道，你一定會輸的。」這句話其實也可以運用在交易上：「別與市場鬥狠，你一定會輸的。」

韓特兄弟的遭遇就是一個很好的例子，有人曾經問我：「韓特兄弟怎麼可能會輸，他們有幾十億美元的資金啊！」我們這樣說好了，假如你有十億美元，而你買了價值二十億美元的白銀，那麼你所承擔的風險，其實就與一個只有一千美元，卻買了兩萬美元白銀的傢伙並無二致。

我有一位朋友，他單靠選擇權套利交易就賺了一大筆錢，我還到過他在英格蘭的別墅去渡假。他雖然是一位很高明的套利者，可是卻是一個相當糟糕的交易者。他曾經設計出一套頗具獲利能力的交易系統。有一天，他對我說：「我不會依照這套系統的指令拋空黃金。我覺得它下達的指令不太對勁，而且這套交易系統所發出的指令，也只有百分之五十的正確性。」因此，他不但沒有依照指令拋空黃金，反而還做多黃金。後來黃金行情開始下跌時，我告訴他：「趕快平倉算了。」但是，他卻堅持：「黃金行情一定會止跌回升的。」

好啦！最後他就是因為這筆交易賠得傾家蕩產，連那幢別墅也賣掉了，落到只能住在租來的小公寓裡。他是我最要好的朋友之一，他連別墅都賠上了的遭遇，的確給了我很大的衝擊！更諷刺的事是，如果他遵從他的交易系統所下的指令，他可能會大賺一筆。

我再告訴你一則故事。我的表哥曾經靠選擇權交易，把五千美元的資本變成十萬美元的財富。有一天，我問他：「你是怎麼做到的？」他回答說：「其實很簡單。我買進選擇權，如果它上漲，我就繼續抱著，如果它下跌，我就一直等到不賺也不賠的時候才賣出。」我對他說：「要靠交易過活的，這種策略絕對不能維持長久。」他說：「賴瑞，你放心好了，我知道自己在做什麼，我不願意賠錢。」

他接下來的一筆交易是用九萬美元買進美林公司（Merrill Lynch Co.）的選擇權。這一回選擇權價格一路下跌，而我在一個月之後打電話給他時，他告訴我，他現在負債一萬美元。我說：「等等，你有十萬美元，而只花了九萬美元購買選擇權，如此算來，即使賠光了，你也應該還剩下一萬美元啊。」他回答說：「我原本是以四點五美元的價格買進選擇權的。當價格跌到一美元時，我想假如我再買進二萬美元的選擇權，那麼只要價格反彈到二點七五美元，我就可以攤平了。於是我又到銀行貸了一萬美元。」

不只是金融交易要注重風險管理，任何形態的商業決策也應該注重風險管理。我以前的一位老東家曾經僱用一位選擇權交易者幫他做交易。這位交易者非常聰明，但是不老實。有一天，這位交易者突然失蹤，留下一堆爛攤子。我的老東家本身並不是交易者，於是他找我並徵詢我的意見。「賴瑞，你認為我應該怎麼辦？」我告訴他：「把持有部位全部拋出。」但是，他卻決定繼續持有，結果市場止跌回升，反而讓他發了一筆小財。

經過這件事之後，我告訴一位同事說：「鮑伯，咱們最好另謀差事。」他問我：「為什麼？」我回答說：「我發現咱們的老闆最近陷身於地雷陣之中，他的脫身之道是閉起雙眼，不管三七二十一地走出來。以後他要是再處於這種情況，他一定會以為閉起眼睛走出來是最恰當的脫身之道。」果然，不到一年的時間，我這位老東家就把公司的資本賠得精光。

Q：除了風險控制外，為什麼一般人從事交易會輸錢？

一般人從事交易經常都是根據其個人的偏見，而不是根據客觀的事實來決定進出。

Q：你從事各種不同的商品交易，請問你的交易方法是否都一樣？

我並不是為交易而交易，而是為賺錢而交易。記得有一次，我公司的行銷經理米奇．昆唐（Mickey Quenington）介紹我認識一家公司的前任總裁（此人叫做曼恩[E.F. Man]。賴瑞後來將明德投資管理公司百分之五十的股權交給曼恩的公司，以換取該公司對明德風險管理公司的財務支持）。這個人是位個性固執的愛爾蘭人，他問我：「你做黃金與可可豆的交易方法有何不同？」。我回答：「對我來說都一樣。」他聽了之後幾乎是對我吼著說：「你是說，你連黃金與可可的區別都看不出來？」我想當時若非米奇在場，他可能會把我趕出辦公室。

我太太出自英國保守家庭。她非常擔心她的家人會瞧不起我。有一次，我接受倫敦時報的採訪，記者問我對倫敦可可豆市場未來走勢的看法。我告訴他：「老實講，我從來不注意我交易的是什麼商品，我只注意風險、報酬與資金。」結果這位記者在報導中寫道：「賴瑞根本不在乎可可豆市場，他在乎的只是錢而已。」我的妻子看完這篇報導，不禁難過的說道：「這下可好了，我現在再也不敢回娘家了，這篇文章完全證明他們對你的看法是對的。」

Q：我想你不會認為有最完美的交易系統存在吧？

當然不會。交易者之間經常流傳著一句話：「儘管不完美，你還是可以發財。」我絕不會去尋找最完美的交易系統，但是會努力測試交易系統的可用性。事實上，如果只看過去的資料，任何人都可以設計出一套號稱最完美的交易系統。

Q：你認為從事交易最值得重視的市場指標是什麼？

我認為有兩項指標需要注意。

第一，如果市場沒有對重大消息做出應有的回應，這其中必定含有重大意義。例如當兩伊戰爭爆發的新聞傳到市場上時，黃金每英兩只上漲一美元。我告訴自己：「一場中東戰爭已經爆發，然而黃金卻只小揚一美元。看來黃金市場目前顯然相當疲軟不振。」果然，過沒多久，黃金價格便開始持續重挫。

第二項是艾迪．塞柯塔教我的。當市場創新高時，其中必有重大意義。不論市場上有多少人告訴你市場基本面並未改變，或是市場沒有理由上漲到如此高點，可是事實擺在眼前，市場創下新高就表示一定有些事在改變。

Q：你還從艾迪．塞柯塔身上學到什麼？

艾迪．塞柯塔幾乎把他交易哲學的精髓完全傳授給我。他說：「你從事交易時，可以自行決定所要承擔的風險。你可以承擔你全數資金百分之一的風險或是百分之五的風險，甚至百分之十的風險。但是，你必須瞭解，風險越高，就越難控制交易的成績。」他說的對極了。

Q：除了艾迪．塞柯塔和你合作夥伴外，還有哪些交易者傳授你寶貴的經驗？

傑克．鮑伊德（Jack Boyd）。他曾經僱我擔任他公司的經紀人與分析師。

傑克許多年來一直提供我交易方面的建議。我發現，只要聽他的建議，每年都可以賺錢。後來，我實在忍不住，終於問傑克，他的建議與預測為何如此準確。我要強調一點，他的身高足足有六尺四寸。他回答：「賴瑞，假如你真要瞭解市場，只須這麼做就行了。」他把手中的圖表丟到地上，然後縱身跳到桌上。他說：「現在你看著這些圖，它會告訴你。」

Q：我想他的意思是指要對市場具有全盤的認識。

是的。我與鮑伊德的共事經驗，對我日後的發展有重大助益。我從他身上學到從事交易時，只要能夠控制風險、追隨市場大勢，就一定會賺錢。

Q：你還有什麼建議？

我有兩條能夠幫助交易得勝的基本法則，這兩條法則也可以應用在日常生活當中。

（一）如果你不下注，你就不會贏。（二）如果你輸光了，你就無法下注。

賴瑞的交易哲學有兩項基本原則。第一項恰與理論派的看法相反，他深信市場是沒有效率的，只要你能夠發展出有利的交易方法，你就會贏。第二，從事交易需要一套有效的交易方法。但光是如此還不足以使你致勝。你必須有效控制風險，否則風險遲早會失控。

賴瑞控制風險有三項基本規則：

1. 交易系統絕對不會與市場大勢相抵觸，而且總是根據系統的指示進行交易。
2. 每筆交易所承擔的風險最高絕不超過總資金的百分之一。
3. 儘可能分散風險。

首先，交易系統應由各種不同的次交易系統組成，而這些交易系統的取捨標準並不在於其個別的表現，而在於互補的作用。其次，他所涉足的商品市場非常廣泛，其中包括美國與其他五個國家的商品市場，而交易的種類則涵蓋股價指數、利率期貨、外匯、工業原料與農產品。

另外值得一提的是，儘管賴瑞從事過多種職業，如編劇、演員及唱片企劃，但他最後卻是在交易上獲得了成功。箇中原因就只是在於他熱衷交易，並完全投入所謂基金經裡人的行業。我發現，賴瑞．海特的經歷恰恰可以印證艾迪．塞柯塔的論調：「求勝意志強烈的人，一定會尋求各種方法來滿足其求勝的慾望。」

第2篇 股票

麥可・史坦哈德
MICHAEL STEINHARDT

差別認知的概念
The Concept of Variant Perception

麥可・史坦哈德最初對股市發生興趣，可以往前追溯到他行「割禮」的時候。當時，他父親贈與他兩百股股票做為賀禮。史坦哈德回憶，在青少年時期，他的朋友多半都在玩棒球，但他卻經常跑到當地的證券公司去參觀。

史坦哈德聰穎過人，一九六〇年，他才十九歲，便從賓州大學的華頓學院畢業。畢業後，史坦哈德便邁入華爾街擔任研究助理。到一九六七年，已經小有名氣的史坦哈德和兩位合夥人成立了史坦哈德・范恩・伯考維茲投資公司（Investment Firm of Steinhardt, Fine and Berkowitz）。這家公司是史坦哈德合夥公司（Steinhardt Partners）的前身（范恩和伯考維茲在一九七〇年代末期與史坦哈德拆夥）。

史坦哈德創業至今，已有二十一個年頭，公司在這段期間的成就斐然，年投資報酬率高達百分之三十以上，相形之下，標準普爾五百股價指數同期的平均年漲幅卻只有百分之八點九。換句話說，如果你在一九六七年投資史坦哈德一千美元，到一九八八年春季，你將獲得九萬三千美元，但如果你投資標準普爾股價指數，你則只能拿到六千四百美元而已。

史坦哈德在交易方面的卓越表現，在於他使用了多種不同的投資方法。他既是一位做長線的投資人，同時也是一位搶短線的交易者。他能果決地拋售股票，也能大膽的買進股票。另外，只要他認為時機恰當，選擇正確，就會毫不猶豫地轉換投資工具。

整體而言，史坦哈德合夥公司的傑出表現並不是史坦哈德一個人所創造的。公司多年來，已經培育出許多優越的交易者與分析師，但無庸置疑地，史坦哈德仍是這家公司的決策中心。史坦哈德每天都會多次觀察史坦哈德合夥公司的投資組合。儘管史坦哈德授予手下交易者充分的決策權，但只要他認為公司持有的部位不理想，他就會要求交易者重新檢討投資策略。

史坦哈德嚴格控制公司投資組合的管理作風，使他得到了難以共同工作的惡名。事實上，許多離開史坦哈德合夥公司多年的交易者，直到現在，都視史坦哈德為一位作風強硬，要求嚴格的老船長。總而言之，史坦哈德在工作方面所表現出來的一面，與美式橄欖球隊教練頗為相近，是以行事強硬的作風來管理一批交易者。

我無緣見到史坦哈德行事作風強硬的一面。我所訪問的史坦哈德，是一位平易近人、態度和藹，並具有幽默感的紳士。當然，我是在市場休市之後才訪問他的。

Q：請問你交易哲學的中心理念是什麼？

我並不把我的工作視為「交易」。或許由於交易頻繁，我因此被列入所謂「交易」的行業中，然而我寧願把自己的行業視為「投資」。

在我的觀念中，交易乃指在買進之前，就有要賣出牟利的態度。例如我今天買進股價指數期貨，乃是因為我認為股價指數期貨明天會漲，因此我打算明天賣出我所持有的部位，這就是交易。但是我在市場上的所作所為，是基於長期且較為複雜的原因，例如我在一九八一年進入債券市場時，當時我足足持有該部位達二年半的時間。

Q：我想，在本書中，我們且稱你的工作為交易。

請問你如何定義交易與投資？

Q：我認為兩者之間的差異至少有兩點：第一，交易者既能做多，也能做空，而投資人，例如一般共同基金的投資經理人卻總是做多，即使市場狀況無法掌握，他仍投資其資金的百分之七十，而且仍然以做多為主。其次，我認為交易者比較重視大勢，例如未來股市走勢是上揚，還是下跌；然而投資人則比較注重選擇買進價格合理的股票。以我的觀點，我會把你歸類為交易者。因此言歸正傳，請問你交易哲學的中心理念是什麼？

我的理念與多數人不同，其中最主要的是認知的差異。我總是從眾人對市場的普遍認知中，尋找出不同的看法，甚至完全相反的看法。

Q：請你舉一個實例來說明你的理念？

我曾經拋空基因科技公司（Genetech Co.）的股票長達一年半，在這段期間，儘管做空一度使我遭逢重大損失，可是我堅持做空，因為我對該公司的一種新藥品 TPA（TPA 可以經由靜脈注射溶解血塊），抱持與市場完全不同的看法。

我的想法是，再過一、兩年，TPA 就會被同質而且價格較為低廉的藥品取代。假如我的想法正確，該公司的股票就可能因此跌到每股十美元以下。當時（一九八八年七月）該公司的股價，已經從每股六十五美元跌到二十七美元。到了一九八八年十一月底時，基因科技公司的股價又跌到每股十五美元，不過我仍然堅持做空。

我與市場一般認知的相異處在於，市場大眾都認為基因科技公司是生物科技業界的佼佼者，其所開發的藥品足以改變該行業的發展方向。然而只要市場大眾對該公司抱持多頭的看法，我就會持續採取完全相反的認知而看空。

Q：這個例子足以說明你的交易理念，但它同時也產生另一個問題。假如你抱持與市場一般大眾完全相反的看法拋空某支個股，如果基本面一直沒有改變，市場大眾一直做多這支股

票，你自然會更加堅信你的空頭部位。可是就資金管理的角度來看，當你的空頭部位虧損到某個程度時，你就必須回補了。這種情況是否與你的交易理念有所衝突？

市場上的交易行為有其特有的習慣，然而我從不根據這些習慣從事交易。例如一般人的習慣是，當某支股票的價格已經漲到頂點或開始下跌時才開始做空，即股票已經顯露出下跌的跡象，否則不做空。我可以理解這種交易習慣，這種習慣也許是最安全的拋空方式，但是我卻沒有這種習慣。

我的態度是「不入虎穴，焉得虎子」。如果想要賺錢，就必須承擔某些風險，而我總是在多頭還在佔上風的時候，就拋空。一般說來，如此的作法等於是過早拋空，因此，起初我的空頭部位總是會遭逢部分損失。如果股價仍然持續上揚，我甚至會減少持有的空頭部位。但是只要我對市場的看法不變，我就會一直堅持做空，就算估計錯誤，我也認了。

Q：你是說只要你所認定的基本面因素不變，你就會一直堅持你的部位，即使該部位當時多麼不利，你也是堅持如此？

是的。不過，假如我所持有的部位遭受的壓力太大，我也會改變我的交易方向來減輕壓力。

我會告訴自己：「好吧，眼前的情況看來對我相當不利。既然眼前盡是買盤，我為什麼不暫時加入他們，說不定還可以賺一筆。」簡單地說，我把自己分成兩部分，我所認知的基本面仍是與市場大眾相異，不過我將它放在心中。至於表面上，我則是暫時跟隨市場的走勢。因此，即使我心中看空股市，我也可能暫時做多，但只用所有資金的百分之二十到百分之四十。

Q：如果你放空某支股票，然而你對該股所屬的行業並不看空，你是否會買進同行業的其他股票來規避做空所擔負的風險？

我曾經試過這種方法，但是結果不理想，因為這種做法反而會產生兩個問題。

一般而言，你買進第二支股票只是為了規避放空第一支股票所擔負的風險，你對第二支股票所花的心力絕對不如第一支股票。此外，既然你在某支股票上所面臨的問題已經嚴重到必須設法減輕風險，為什麼不直接去面對這個問題，而要去買第二支股票，憑添困擾。

舉例來說，你放空某支造紙股，然而紙類股卻都上揚，於是你買進另一支造紙股來規避在第一支股票上可能遭逢的損失。可是誰又知道這兩支造紙股會上漲還是下跌？我是說，既然你犯了錯，就應該直接面對這個錯誤，何必拐彎抹角。

Q：除了認知差異的交易理念外，你是否還有其他的交易理念？

我想是沒有了。我從不使用停損，也從來不管股價是否創新高，或是跌到新低價。我也從不使用所謂的技術分析圖。

Q：你真的從來不使用技術分析圖表嗎？

是的。我認為技術分析圖表一無是處。對我而言，任何圖表都一樣。

Q：可是從市場資訊的角度來看，難道你不想用圖表來瞭解某支股票過去的行情走勢？

我隨時都在注意股市的動態，因此股市所發生的一切事，我都瞭若指掌。

Q：假如你知道某支股票從每股十美元上漲到四十美元，難道你不想進一步瞭解該股票上漲的原因？

對我而言，這並沒有什麼差別。

Q：你有沒有什麼特別的交易法則？

你所謂的交易法則是什麼？

Q：比如說你在持有某個部位之前，先決定應該在何時出脫該部位。這並不完全是一種風險管理法則，它也可能是……？

沒有，我並沒有類似的停損法則。

此時，史坦哈德接到一通電話。我從電話擴音器中得知，這通電話是要告訴史坦哈德一則有關菸草案的訴訟結果。電話上說：「判決已經下來了，大家都沒事，除了李蓋集團（Liggit Group）被罰款四十萬美元之外，該集團不必擔負損害賠償的責任。」史坦哈德回答：「如此說來，市場上的看法應是認為該判決對被告比較有利。」

一個月前，我放空菸草股，我的理由是，如果原告打贏這場官司，菸草類股一定會下跌，但是如果原告輸了，菸草類股的上漲空間也很有限。菸草業者在法律訴訟上從來沒敗訴過，多贏場官司也不能算是什麼大新聞。這就是我所謂認知的差異。我可以猜想得到，明天報紙上有關這則新聞的標題一定是：「法院判決李蓋集團對某人吸菸致癌而死負有道義責任」。如此看來，我的認知是正確的，因為這樣的標題一定會使部分投資人擔心菸草類股的後市。

Q：我們言歸正傳。如果你根據基本分析，決定放空某支股票，然而該股後來的走勢卻對你的空頭部位不利。請問你要到什麼時候才會認為你的分析是錯誤的？你為何會如此認為？

這種情況其實經常發生。買進或賣出某支股票後，這支股票的走勢卻與自己當初預期的完全相反。我每天要檢查我的股票組合六次。投資組合中有許多股票都不是我直接負責的。

例如我的某位屬下由於不看好雜誌業，放空時代公司的股票，可是在他做空的同時，時代公司股價反而上漲了百分之十。在這種情況下，我就會約見這位屬下，問他為何認為雜誌業前景看淡，何時應該回補。

我在公司裡其實擔任投資組合監督人的工作，這是一個吃力而不討好的工作，因為只要投資組合中有某支股票的走勢不如預期，我就會找負責人問話。因此大家都怕看到我。

Q：如果某一支股票的走勢與你的基本分析與認知完全相反，你是否會因此改變你對該股票的看法？

我會假設與我對作的對手，他對該股票的了解程度應該與我相當。比方說我以每股五十二美元的價格買進德士古石油公司股，然而該股卻突然下跌到每股五十美元。由此可知，不論是誰在德士古石油公司股價為五十二美元時賣出，他對該股票的認知完全與我相反，而我會儘可能找出他如此認知的原因。

Q：假如你找不出來呢？

或多或少總會找到一些答案。不論答案是頗具深度還是平淡無奇，我總會從其中得到一些蛛絲馬跡。

Q：拿你的菸草股來說好了。假如你長期放空菸草類股，而剛才的新聞雖然會使該類股在明天開盤後一度下跌，可是在收盤時卻被拉升。在這種情況下，你是否會回補？

這要看我做空的原因何在。如果我做空是因為我認為吸菸人口日益減少，這將對菸草業造成嚴重打擊，那麼即使該類股在明天呈現大漲的局面，對我也不會造成任何影響，我反而可以趁此機會多賣出一些。

Q：這麼說來，只要你做空的基本面原因不改變，你根本不在乎市場對該則新聞的反應是否會與你的預期相反？

是的。不過如果消息面是大利空，而市場卻上揚，我就會盡力尋找箇中原因。通常這類情況都含有深意。

Q：你對基金的交易方式與一般共同基金不同，有人稱你的基金為對沖（hedge）基金，請問何謂對沖基金？

一般認為瓊斯集團（A.W. Jones Group）是對沖基金的創始人，而對沖基金的觀念可以這樣解釋：資金管理人並不能預測股市的走勢，因為股市走勢是各種不同力量交相作用而形成，非人力所能控制，可是我們卻可以透過嚴謹的分析，研判哪些公司的股票前景不錯，哪些又比較差勁。

因此在理論上，某人如果要維持投資組合的平衡，就可以買進認為不錯的股票，放空認為較差的股票，這樣投資風險就可以相互抵銷。例如你看好福特汽車公司的股票，看壞通用汽車公司的股票，你每買進福特的股票一美元，就放空等值的通用汽車股票。只要判斷正確，即使你在通用汽車的空頭部位遭受損失，還是可以從福特汽車的多頭部位彌補回來。因此，對沖基金的基本觀念，是強調選股的重要性與能力。

Q：如今還有人以這種方式從事交易嗎？

沒有，很遺憾的是，如今大家都誤解了對沖基金的定義。現在大家都認為，所謂的對沖基金只是合夥事業中的有限合夥，也就是一般合夥人係根據基金的表現支付報酬，而與傳統以基金金額收取報酬的方法有所區別。事實上，對沖基金的管理人在運用資金上，要比傳統的資金管理更有其彈性。他們既可以拋空股票，也可以買進股票，同時也可以運用選擇權和期貨等其他的投資工具。

Q：如此說來，現今所謂的對沖基金只是徒具虛名而已？

是的。有些人不稱之為對沖基金，甚至認為談到對沖基金都是一種羞辱的事。對沖事實上含有規避風險與做空的意味，而這種說法顯然有違美國大無畏的精神。因此儘管對沖基金在交易上有做空的彈性，可是一般人卻寧願強調在做多方面的彈性。

Q：至於你的基金，是否符合對沖基金的觀念？

我的基金也非常注重做空。我總是持有一些空頭部位。同時，我也花費許多時間檢討基金的市場淨風險，並予以調整。一般來說，我基金的平均風險是百分之四十。

Q：你是說百分之四十的淨多頭部位？

是的。

Q：你們的淨多頭部位平均在百分之四十左右，然而其上下限是多少呢？

有時候淨空頭部位大約維持在百分之十五或百分之二十左右。有時候則持有百分之百的淨多頭部位。

Q：如此說來，你的基金顯然既具有做多的彈性，也具有做空的彈性？

是的。我另外要強調，具有調整市場風險的彈性，是我基金的最大特色。

Q：你如何研判未來股市的走向？

這個問題並非三言兩語就能回答。不過總而言之，我會考慮許多因素。有時，某些因素的重要性超過其他因素，然而各因素的重要性隨時都會改變。

Q：對你而言，研判未來股市的行情與選股何者重要？

回顧過去二十一年的交易，我的成功得歸因於並沒有固定的操作模式。有時候，我靠幾支精心挑選的股票而大賺一筆，有時候，我則是靠看準股市未來的趨向而獲致成功。

例如在一九七三年到一九七四年之間，股市持續疲軟不振，當時我是因為持有淨空頭部位而大發利市。另外，我有時候則靠債券來賺錢。我所要傳達的訊息是：要在市場交易上獲得成功，其實並沒有一定的模式可循。有些人認為可以依據成功的交易模式，來應付未來的交易，其實這根本就是自欺欺人。因為市場變化既大且快，以往獲致成功的交易方式，並不能夠保證在未來仍然有效。

Q：你為何對一九七三年與一九七四年間的股市疲軟不振如此具有信心而放空？

因為我判斷當時美國經濟成長會衰退。

Q：你是根據什麼下判斷的呢？

我認為當時通膨壓力沈重，會導致利率上揚，進而促使經濟成長減緩。

Q：在一九八二年時，股市也曾經極度疲軟不振。你是否在這段期間之前，就感覺到股市將會疲軟？

我當時的感覺並不如一九七三年到一九七四年間那般強烈。不過我在一九八一年和一九八二年曾經賣掉持股，改買國庫券而賺了一筆。當時，美國聯邦準備理事會採高利率的貨幣緊縮政策，來打擊通貨膨脹。當國庫券利率高達百分之十四時，股市根本不具有吸引力。

另一方面，我也根據反向思考法，判斷利率會下跌，而這只是時間早晚的問題，因為聯邦準備理事會一定會在企業界對高利率感到吃不消時，放寬貨幣緊縮政策。這也就是說，利率遲早還是會升到頂峰，然後開始回跌。屆時股市勢必會因為新資金的注入以及原資金的回籠而恢復生氣。

Q：根據你獨到的操作理念，我想你在買進國庫券的時候，也曾經遭受到一些損失？

是的。那段期間真是難受，因為我基金的大部分投資人都認為我是一名股票交易者，對債券又懂得什麼？何況我又何德何能，竟敢與認為利率將會飆漲的大牌經濟學家亨利·考夫曼唱反調。

Q：你是否將持有部位的數量擴張一倍以上？

是的。在買賣國庫券時，任何人都可以用保證金從事交易。根據國庫券不同的到期日，交易的保證金最低只要購買金額的百分之二。

Q：你從買進國庫券到利率升抵頂點而開始回跌時，相隔多久時間？

我是在一九八一年春天開始買進國庫券，而利率一直到一九八一年九月三十日才攀升到頂點。

Q：在這之前，你一直是股票交易者，而你在買進國庫券之後，又遭逢重大損失。難道你不曾對自己的決策產生懷疑嗎？

當然有，尤其是在一九八一年的夏季，我簡直度日如年。我基金中大部分的投資人在那段期間都對我頗為不諒解，其實當時連我自己也不能十分肯定這項決策的正確性。

Q：你是否曾經自忖自己犯錯，而打算出清或減少所持有的部位？

沒有。我從未如此。

Q：你的交易原則中有一項是，只要你認定自己對股市的基本面認知正確，就會堅持你所持有的部位，但是這項原則有沒有例外？我是說，股市走勢與你的預期產生差異，結果使你蒙受重大損失？

一九八七年十月就是一個例外，我想那是我投資生涯中最悲慘的一段歲月。當時市場上瀰漫一種看法：只要上市公司的業績能夠維持一定的成長，不管其股價是多少，都可以買進。這種看法使當時的股價成倍地飆漲，就像發瘋一般。

當時，我們在拍立得公司股價本益比為六十倍時，拋空該公司股票。我們認為拍立得公司的營運狀況實在不值該價位，然而在我們做空之後，該公司股價的本益比卻漲到七十倍。當時整個股市似乎已經完全失去理性，但是當時的市場就是如此。

Q：後來你是不是因此停止做空？

有一段時間確實是如此，因為我們一度蒙受重大損失。

Q：你剛才提到，一九八七年十月是你投資生涯中最悲慘的一段歲月。由於你經常使用反向思考方式，因此我猜想你在當年多頭氣氛瀰漫的大環境下，應該不至於持有大量的多頭部位。可以談談當時的狀況嗎？

事實上，早在一九八七年春季，我便寫了一封信給我的投資人，向他們解釋我為何對股市當時的情況異常謹慎，並大量減少我的多頭部位。另一方面，我也在不斷思索股市不斷創新高的原因。

我的結論是，當時美國資本市場發生兩種異常現象，即是市場上流通股票籌碼持續減少，而且金融機構對融資採取放任的態度。只要銀行大方地提供融資，垃圾債券市場便能維持榮景，公司經理人也會持續買回公司在市場上流通的股票，結果使得股票價格異常地飆漲。我認為這就是股票價格在一九八七年上漲過度的主要原因。

然而，最具關鍵性的問題是，哪些因素會改變這種情況？答案是經濟衰退。只要美國經濟衰退，就會對股市造成重大衝擊，因為美國政府在這種情況下，已經失去應變的彈性。美國政府在先前的經濟擴張期，不曾採行反循環的財政政策，因此到了一九八七年秋季，美國經濟不但沒有走軟，反而強勁到使聯邦準備理事會必須採取緊縮政策。

可是我卻沒有想到，美國政府若干一般性措施，竟然會在股市引發如此戲劇化的軒然大波。我是說，聯邦準備理事會採取信用緊縮措施，到底會對股市造成什麼影響？一般來說，最多只會使股市下跌一百點到兩百點，可是誰也想不到股市竟會重挫五百多點。

另外，像是財政部長貝克批評西德的談話，又有什麼重大意義？坦白講，那只不過是對匯率持有不同的看法而已，根本不值得小題大作。我們現在再回顧一九八七年十月十九日股市大崩盤，當時究竟發生了什麼事——幾乎沒有人說得出來。因此，總括而言，一九八七年

「黑色星期一」的股市大風暴，其實是源於市場本身的問題，而這樣的金融風暴或是經濟衰退，市場是很難以預測的。

Q：那麼請你解釋一下十月十九日股市大崩盤的真正原因是什麼？

造成十月十九日股市大崩盤的問題，是股市的運作系統難以應付其基本結構在八十年代所產生的變化。此外，當時維持股市穩定的兩大主力——個別投資人與專家系統，在股市中的重要性早已大幅降低。

Q：你認為投資組合保險（Portfolio Insurance）是否在當時更加重了跌勢？（投資組合保險係在股市下挫時，以賣出股價指數期貨來減少股票投資組合價值滑落的操作方法。）

是的。當時，一方面穩定股市的力量大幅降低，另一方面，卻又增加了許多難以預料的影響因素，如投資組合保險、程式交易與全球資產重分配等，股市當時根本難以應付這種情況。

Q：你在十月十九日當天是否持有部位？

我在當天還增加多頭部位，這大約使我基金的風險提高到百分之八十或百分之九十。

Q：為什麼？難道你還是看好股市？

增加多頭部位純粹是我一貫反向思考法下的反向操作策略，因為儘管股市重挫會進一步引發強大賣壓，但也勢必會引起反彈。我所做的，只不過是在股市反彈之前，先一步做多罷了。

Q：你後來是否長期持有該多頭部位？

沒有。在接下來的兩個月，我持續減少多頭部位。我低估了這次股市大崩盤的力量，而其影響所及使我的信心動搖。後來我決定退場持有現金，重新思考當前的市況以及應該採取的策略。

Q：你在一九八七年十月到底損失多少？

我的基金在該月份虧損了百分之二十。

Q：現在你回想一九八七年十月的經歷，是否從中學到了一些教訓？

我認識一位很高明的投資人，他曾經告訴我說，我的投資績效完全是來自我二十八年來錯誤經驗的累積。他的話真是一針見血。

當你犯錯之後，一般來說，你總是會避免再犯同樣的錯誤。我同時是一名長期投資人、短線交易者及分析師，我所做的決定與犯下的錯誤遠多於一般投資人，事實上這才是使我優於一般投資人的原因。

Q：典型的共同基金都是採用「買進並長期持有」的交易策略。基本上你認為這是不是一種錯誤的策略？

可以這麼說。不過我不會使用「錯誤」這個字眼。我認為這是一種綁手綁腳的交易策略。這種策略的目的，是在於分享美國股市的長期成長，而寧願忍受短期的疲軟。可是這種策略卻限制了專業基金管理所應發揮的潛力，因此它應該算是一種不完美的交易策略。

Q：可是目前大部分的基金都是使用這種策略。

是的。不過已經比以前少了許多。如今，注重操作時機的人越來越多，只是他們還無法完全掌握它，但是他們都深深瞭解「買進並長期持有」意義之所在。在我小時候，最常聽到的投資建議便是買進股票，然後把股票鎖在保險櫃裡，不要理它。然而今天你已經很少聽到這樣的建議。我們已經對美國長期的經濟榮景喪失信心。

Q：你如何處理虧損時的心理壓力？

這個問題就和股市的其他問題一樣，沒有一定的答案。因為你所遭遇的虧損與所面臨的心理壓力，經常不是由同一個問題或同一種狀況所造成的。

Q：你當初是如何成為基金交易者的？

我在一九六〇年代末期踏入證券業時，只具有分析師的知識背景。我和另外兩位分析師合夥開創事業之後，隨著業務逐漸擴增，操盤才變得日漸重要。我也因此變成一名交易者，可是當時我根本沒有多少操作經驗。

Q：既然欠缺經驗，你為什麼要做交易者？

也許我在市場分析方面的能力，不及另外兩位合夥人。

Q：儘管如此，你早年的操作成績仍相當不錯。你當初是如何在欠缺經驗的條件下從事交易的？

家父一生都是一名賭徒，我認為從事交易多少也帶有一些賭博味。我想我承繼了我父親的賭性與賭博方面的天份。

Q：你在股市從事交易已超過二十年。在這段期間，股市有什麼變化？

與今天相比，二十年前的人在股市投資方面的專業知識簡直少得可憐。法人機構的交易者通常都是一些在布魯克林區鬼混的小鬼，靠幾個股市上的術語招搖撞騙。我當初從事交易要與他們競爭，簡直易如反掌。

記得有一次，一名交易者急著要賣出七十萬股賓州中央公司的股票。當時這家公司已經宣告破產，而其最近的成交價是每股七美元。結果，我以每股六點一二五美元的價格買進七十萬股。當那位交易者還在為成交價與七美元相差不到一美元而自鳴得意時，我轉身就以每股六點八七五美元的價格把這七十萬股賣出去了。這筆交易讓我賺了約五十萬美元，而前後只花了十二秒鐘而已。

Q：這樣的情況持續了多久？

直到一九七五年為止。如今，股市的競爭越來越激烈，而且交易者也遠比以往精明。此外，在這二十幾年之間還有一個改變，那就是個別投資人在股市中的重要性顯著降低，而機構投資人的地位則益形重要。如今，個別投資人大都是透過共同基金購買股票。經紀商賣給個別投資人的股票，遠不及共同基金與其他所謂的「金融商品」來得多。

然而，最重大的改變也許是股市變得益趨以短期投資為導向。如今，人們對預測長期趨勢的能力已經失去信心。在一九六七年時，典型的經紀商預測報告，會估計麥當勞公司於公元二〇〇〇年時的每股股利。他們相信美國經濟可以維持穩定成長。但是，當今美國的經濟情勢卻不容許他們具有如此的自信。在五十與六十年代，股市中的英雄是長期投資人，然而今天的英雄則是懂得掌握時機的交易者。

Q：你對股市新手最重要的忠告是什麼？

股市中最邪門的事是，有時候最差勁的預測，也可能會成為最高明的決策依據。但這種事卻是一個邪惡的陷阱，會使人相信無需專業知識就可以縱橫股市。因此，我的忠告是：要認清股市的競爭非常激烈。當你買進或賣出股票時，你都是與專業的對手在競爭，而這些專業的對手往往會給予你迎頭痛擊。

Q：你是指千萬不要低估股市投資的困難度？

是的。你千萬不要有股市投資風險高，因此獲益也高的觀念。這種觀念是錯誤的。你應有的觀念是：股市投資風險高，因此你必須設法創造高收益，繼續在股市中生存。另外，千萬不要以為投資共同基金就可以獲得較高的投資報酬率。從事投資必須決定合理投資報酬，並了解是否有機會達成該目標。

Q：一筆成功的交易需要哪些要素？

成功的交易必須取得兩項條件的平衡。這兩項條件是：堅持自己對股市的看法以及承認自己錯誤的彈性。要達到兩者之間的平衡，則需錯誤與經驗的累積。另外，你應該對交易對手保持戒心。你應該經常自問：為什麼你要買進，他卻要賣出？他知道哪些你所不知道的事？最後，你必須對自己或別人誠實。就我所知，成功的交易者都是事實真相的追求者。

史坦哈德所謂獨到的操作理念，基本上就是反向操作。然而你不能單靠觀察股市的走勢，就貿然從事反向操作。股市沒有這麼好混，成功的關鍵並不在於從事反向操作，而是在於選對反向操作的時機。

彈性是史坦哈德成功的另一項要件。史坦哈德的彈性表現於既做多、也做空，而且在股市不振時，會將投資標的轉移到債券、期貨等其他市場的交易策略。

成功的交易者在適逢好時機時，大都能夠把持有的部位增加到非常大的數量。這種作法既需要膽識，也需要技術。而史坦哈德在一九八一年和一九八二年間大量持有國庫券，就提供了一個好的操作範例。

自信是任何一位交易者必備的條件，然而對史坦哈德這一類從事反向操作的交易者尤其重要。史坦哈德相信只要自己的看法正確，即使一時遭遇打擊，也要堅持到底。

例如他在一九八一年春季買進國庫券，而利率有半年的時間都對他所持有的部位不利。史坦哈德所承受的壓力，事實上還不僅於此，在這半年期間，他的基金投資人都在責難他為何不好好操作股票而去買國庫券，這使他遭受強大的心理壓力。儘管如此，史坦哈德依然堅守其部位。若非史坦哈德對自己深具信心，我們今天也不會聽到史坦哈德這個名字了。

另外，史坦哈德也強調，市場交易是沒有公式可循的。他指出，市場不斷在變化，而高明的交易者必須能夠順應這些變化。史坦哈德認為：那些想找出交易公式的交易者，遲早都要失敗。

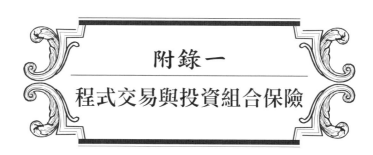

附錄一

程式交易與投資組合保險

近幾年來，程式交易（programming trading）是廣受討論的主題之一。在金融市場歷史上鮮為人知的交易方式中，也許從來沒有像程式交易這樣飽受人們的抨擊。我敢打賭，反對程式交易的人當中，甚至不到十分之一知道電腦程式的定義。程式交易令人感到困惑的原因之一是，它既可以用來描述原始的活動，也包含各種電腦支援的交易策略（例如投資組合保險〔protfolio insurance〕的涵義）。

程式交易指的是傳統的套利活動，它乃是在某個市場放空時，同時在相關程度相當高的市場中做多，從中賺取微薄但近乎沒有風險的利潤，而利潤則是源自於兩種市場價格關係的短暫扭曲。當程式交易者認為實際的股價高於或低於相對的期貨價格時，便會針對股價指數期貨，以相等的美元價值買進或賣出一籃子實際的股票。事實上，程式交易可以使實際股票和指數期貨之間維持合理的關係。只要每一筆與程式相關的股票實際賣單，被另一段時間的買單抵銷，而且大部分的程式交易最初是以做多股票／放空期貨的方式為之，那麼程式交易被指責要為股市下挫負責之說便站不住腳。此外，眾多證據顯示，相關市場之間的套利交易，可以減少市場的波動，因此程式交易會造成市場波動加劇之說便不太可信。

投資組合保險是指，當股票投資組合的價值下跌時，為了減少風險，於是便有系統地賣出股價指數期貨。一旦風險降低，多頭倉位就會隨著股價指數的上揚而增加到全倉位。投資組合保險的理論基礎在於假設市場價格會平緩地漲跌。當價格劇漲劇跌時，這一套策略的結果就會和理論形成極大的差異。一九八九年十月十九日便發生了這種情形，當股價跌到投資組合保險應該賣出的水準時，引發了賣單湧現，於是形成賣價遠低於理論價格的情形。雖然投資組合保險有可能加速了十月十九日的跌勢，但卻也可以辯稱，如果沒有投資組合保險，幾天之內，空頭的力量一樣會使股市同樣跌得很慘。這個問題永遠沒有答案（有人對於十月十九日股市崩盤當週，程式交易是否應承擔最大的責任，抱持著懷疑的態度，因為當時若干個股開盤時間嚴重延後，市場對當時的股價產生重大的疑惑，而自動委託單進入系統受到交易所限制，嚴重阻礙了程式交易的活動）。

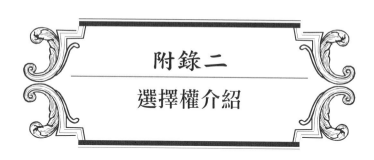

附錄二

選擇權介紹

選擇權有兩種基本型態：買進選擇權（call，簡稱買權）和賣出選擇權（put，簡稱賣權）。如果買進一個「買權」（call option），買方就有權利（而非義務）在到期日（expiration）或之前，以一定的價格（或叫做履約價格，strike price或exercise price），買進雙方所同意的商品。「賣權」（put option）則讓買方有權利（而非義務）在到期日之前的任何時間，以履約價格賣出標的商品（所以說，買進「賣權」等於是看壞後市而放空，賣出「賣權」則是看好後市而做多）。選擇權的價格叫做「權利金」（premium）。舉例來說，「IBM四月一三〇買權」表示，買方有權利在選擇權的有效期間內，以每股一百三十美元的價格，買進一百股IBM的股票。

買權的買方通常是預期價格會上漲，因此事先鎖定買價，希望藉此而獲利。買權的買方若有倉位損失，最多也就是買進買權時所支付的權利金。如果履約價格一直高於市價，買權的買方在到期日之前都不履約，損失金額最多就等於所付出的權利金。舉例來說，一百三十美元買進的選擇權到期時，IBM的市價是一百二十五美元，那麼買方所買的選擇權，到期時就會變得一文不值。如果到期時，標的商品的價格高於履約價格，那麼這個選擇權就有一些價值，而買方也就會履約。但是，如果市價和履約價的差距低於買進買權的權利金，這筆操作的淨值仍然是虧損。買權的買方若想實現淨利，那麼市價和履約價的差距，就必須超過買進買權時所支付的權利金才行（當然，還需要考慮手續費成本）。市價愈高，淨利也就愈多。

賣權的買方則通常是預期價格會下跌，希望事先鎖定賣價，從而賺取利潤。和買權的買方一樣，他最大的可能損失，僅限於買進這個選擇權時所支付的權利金。持有賣權至到期日時，假使履約價格超過市價的金額，在考慮手續費的成本後，仍高於買進賣權所支付的權利金，那麼這筆操作就有淨賺。

買進買權和賣權的人風險有限，潛在獲利則無限，賣方則是相反。選擇權的賣方（常稱之為writer）收受權利金後，便有義務以履約價格承作相反的倉位。如果選擇權要求履約，比方說，如果買方要履行買權，那麼賣方就必須以履約價格在標的市場做空倉（因為買方履行買權時，會以履約價格建立多頭倉）。

買權的賣方主要是預期價格會橫盤或稍微下跌，因此希望從中獲利。在這種情況下，賣出買權而收取的權利金，就是賣方可能的獲利。但是，假使操作者預期價格會大跌，那麼放空標的市場或買進賣權，通常會有比較好的效果。同樣的道理，賣出賣權的人則是預期價格會橫盤或溫和上漲，希望從中賺取利潤。

有些新手無法理解，既然買進選擇權（包括買權和賣權，視市場的走勢而定）的獲利潛力無限而且風險有限，為什麼操作者不經常從事這種操作？他們之所以有這種困惑，是因為不瞭解機率可能的分布情況。雖然選擇權賣方的理論風險無限，但是機率最大的價格位置（也就是在選擇權交易時的市價附近），卻能給選擇權賣方帶來淨利潤。大致上來說，選擇權的買方同意接受機率很高的小損失，以換取機率很低的大賺機會，而選擇權賣方則是同意接受機率很低的大損失，以換取機率很高的小賺機會。簡而言之，這種交易之所以能夠發生，是一個願打，一個願挨，各取所需的狀況下促成的。在一個有效率的市場中，長期而言，經常買進選擇權的人，或是經常賣出選擇權的人，都不會占到很大的便宜。

選擇權的權利金是由兩個部分所組成：一是內在價值（intrinsic value），一是時間價值（time value）。買權的內在價值，是指目前市價高於履約價格的金額（賣權的內在價值，則是目前市價低於履約價格的金額）。其實，內在價值也就是權利金中，以目前的市價履約可以實現的部分利潤。內在價值可以做為選擇權的底價。為什麼？因為如果權利金低於內在價值，操作者便可以買進並立即履行選擇權，由於所獲得的利潤（也就是內在價值）高於付出的權利金，因此便能實現淨利潤（假設獲利也超過交易成本的話）。

具有內在價值的選擇權（履約價格低於市價的買權，或是履約價格高於市價的賣權），叫做價內選擇權（in-the-money options），沒有內在價值的選擇權，則叫做價外選擇權（out-of-the-money options），而履約價格很接近市價的選擇權，叫做價平選擇權（at-the-money options）。

根據定義，價外選擇權的內在價值等於零，但由於市價還是有機會在到期日之前，上漲到履約價格之上或之下，所以仍有若干價值。價內選擇權的價值高於內在價值，因為操作者喜歡建立這種選擇權的倉位，甚於建立標的市場的倉位。為什麼？因為在價格走勢有利時，選擇權倉位和標的市場倉位所賺相等，但是選擇權最大的損失是有限的。權利金中超過內在價值的部分，就叫做時間價值。

影響選擇權時間價值最重要的三個因素是：

1. 履約價格和市價之間的關係：深價外選擇權的時間價值十分低，因為在到期日之前，市價上漲到履約價格或履約價格之上、之下的可能性很低。深價內選擇權的時間價值也很低，因為這種選擇權提供的倉位類似於標的市場——除非價格走勢極端不利，否則兩者的賺賠金額都相當。換句話說，對深價內選擇權來說，因為履約價格距離目前的市價很遠，必須付出較高的權利金，但限制風險的效果並沒有比較高。

2. 距離到期日的時間：距離到期日愈遠，選擇權的價值愈高，因為時限還很長，到期前內在價值增加的機率會提高。

3. 波動率：到期前，時間價值與標的市場的波動率（衡量價格波動程度的一個數字）估計值有直接的關係。這種關係之所以產生，是因為波動率提高的話，到期前內在價值增加的機率便會上升。換句話說，波動率愈大，市場價格可能變動的範圍便愈大。

雖然在決定選擇權權利金的價值時，波動率是個十分重要的因素，但我們必須強調一件事，那就是將來市場怎麼波動，絕無法確切知道，除非是事後來看。相反的，距離到期日的時間，以及目前市價和履約價格之間的關係，都可以正確計算出來。如果要估計波動率，通常是以歷史波動資料做為依據。選擇權的市場價格（亦即選擇權的權利金）所透露出來的未來波動率估計值，就叫做隱含波動率（implied volatility），它有可能會高於歷史波動率，也可能低於歷史波動率。

名詞解釋

- ***Advance／decline line***（騰落指數）：指紐約證券交易所（NYSE）每天股票上漲家數和下跌家數之差的累積總數。騰落指數的走勢和市場指數（如道瓊卅種工業股價指數）走勢背離時，有時可以視為一種市場訊號。比方說，如果道瓊指數下跌後，彈升到新高點，但騰落指數沒有跟進，就可能顯示市場內部還處於疲弱的狀態中。
- ***Arbitrage***（套利）：某個市場和另一個關係十分密切的市場走勢背離得十分離譜時，買進價格偏低者，並且等量賣出價格偏高者，就可以從中獲取利潤。
- ***Arbitrageurs***（套利客）：指專精於套利的操作者。套利客希望從相關市場短暫的價格關係扭曲中牟取蠅頭小利，而不是靠著正確掌握市場走勢來賺錢。
- ***Averaging losers***（***Averaging down***）（賠錢加碼操作）：價格走勢不利時，依然加碼操作賠錢的倉位。
- ***Bear***（空頭）：相信價格會下跌的人。

- ***Bear market***（空頭市場）：價格節節下降的市場。
- ***Boiler room operation***（強銷手法）：指以非法或半非法的電話推銷手法，利用高壓手法，用很高的價格或收取很高的手續費，把金融投資工具或商品賣給不明究裡的投資人。比方說，貴重金屬（或貴重金屬選擇權）合約出售的價格，遠高於合法交易所當時的報價。有時候，這種推銷手法目的在於詐欺，因為所出售的合約根本不存在。
- ***Breakout***（突破）：價格上漲到前一個高點之上，或下跌到前一個低點之下，或越過前一個價格盤整區。
- ***Bull***（多頭）：相信價格會上漲的人。
- ***Bull market***（多頭市場）：價格節節上漲的市場。
- ***Call option***（買權）：一種合約，買方有權利（而非義務）在特定的期間內以約定的價格買進標的金融工具或商品。
- ***Chart***（圖形）：顯示某一市場價格走勢的圖表。最常見的圖形是日**K**線圖（daily bar chart），在一根條形圖中，顯示出每天的高價、低價和收盤價。
- ***Chart analysis***（圖形分析）：研究價格圖形，找出過去價格上漲或下跌前所顯現的型態。圖形分析的基本概念是，目前市場中如果形成類似的型態，那就等於發出了訊號，表示市場有可能往相同的方向波動。從事圖形分析的人，常叫做圖形派人士（chartists）或技術派人士（technicians）。

- ***Congestion***（整理型態）：請參考 Consolidation。
- ***Consolidation***（整理型態）：一種價格型態，特徵是價格一直橫向波動（也叫做 Congestion）。
- ***Contract***（合約、期約）：期貨市場中標準化的交易工具，明述在未來特定時點交貨（或現金交割）的商品（或金融資產）數量及品質。
- ***Contrarian***（反向操作者）：在大部分人的意見形成後，按相反方向操作的人（見下條）。
- ***Contrary opinion***（反向意見）：操作方向和大部分操作者相反，將可獲利的一種理論。反向意見的基本概念是，如果絕大部分的操作者都看漲後市，那就表示相信價格會上漲的大部分市場參與者都已做多（買進），因此將來價格下跌的阻力最小。相反的，如果大多數操作者都看跌後市，也可以按同樣的推理行事。不少機構都會調查市場參與者、市場快訊、操作顧問的意見，整理出反向意見的數目，並提供投資人參考。
- ***Cover***（回補）：平掉現有的倉位（也就是說，如果本來做多，則賣出；本來放空，則買進）。
- ***Day trade***（當日沖銷操作）：當日建立的倉位，當日平掉。

- ***Discretionary trader***（全權處理操作者）：大致來說，是指經客戶委任，可以不必事先取得客戶同意，即替客戶的帳戶下單買賣的操作者。但是這個名詞往往用在比較特定的方面，指操作者根據自己對市場的看法而做決定，而不是依據電腦化系統所發出的訊號行事。
- ***Divergence***（背離）：某個市場或指標創新高或新低後，相關市場或指標沒有跟進的情況。有些分析師視背離為市場即將做頭或打底的訊號。
- ***Diversification***（分散投資）：同時在許多不同的市場中操作，以求降低風險。
- ***Downtrend***（下跌趨勢）：某個市場的大勢是處於價格下跌的情況。
- ***Drawdown***（累積虧損）：帳戶資金餘額減損的情況。最大累積虧損（maximum drawdown）是指帳戶資金餘額相對高點和隨後的帳戶資金餘額低點間的最大差距。對操作者或操作系統來說，低累積虧損是一種理想的表現。
- ***Earnings per share***（每股盈餘）：指公司稅後總盈餘除以發行在外普通股股數的值。
- ***Elliott Wave analysis***（艾略特波浪分析）：根據艾略特（Ralph Nelson Elliott）理論的市場分析方法。艾略特波浪分析雖然相當複雜，但其基本理論所依據的觀念是，市場的波動呈波浪狀，一般型態是在主趨勢的方向上形成五個浪（或叫市場波段），接著在反方向有三個調整浪。這個理論還說，每個這樣的浪可以再分成五或三個波，而它本身又是更大的波浪的一部分。

- ***Equity***（帳戶資金餘額）：指操作帳戶中的金額。
- ***Fade***（淡出）：某個市場訊號發出（或某個分析師發表意見）後，往反方向操作。比方說，在價格突破前一個整理區的上檔後（大部分依技術面操作的人，見到這種價格走勢，都認為是買進或保持多頭倉的訊號），操作者如果放空，就可以叫做淡出價格突破點。
- ***False breakout***（假突破）：短暫的價格波動，在穿越前一個高點或低點後，不敵反方向更強的價格走勢。比方說，如果六個月內某支股票的價格一直在十八元到二十元間遊走，上漲到二十一元後，馬上跌到十八元以下，這時，上漲到二十一元就可以叫做假突破。
- ***Federal Reserve Board***（***Fed***）（聯邦準備理事會）：聯邦準備制度中的管理機構，透過貨幣政策調節經濟。
- ***Fibonacci sequence***（費波納奇數列）：從1開始，一直到無限大的數列，其中每個數字都是前兩個數字之和。因此，這個數列的最前面幾個數字如下：1，1，2，3，5，8，13，21，34，55，89等。隨著數字愈來愈大，前後兩個數字的比率愈來愈趨近0.618，間隔兩位數的比率則愈來愈趨近0.382。0.618和0.382這兩個比率，常用於預測前幾次價格波動後的回檔。

- ***Floor trader***（場內交易者）：交易所的會員，為了個人的利潤而操作。
- ***Frontrunning***（搭轎子）：營業員一種不道德的行為，有時是非法的，也就是說，如果他認為客戶所下的單子將使價格發生變化，則在下客戶的單子之前，先下自己的單子。
- ***Fundamental analysis***（基本分析）：利用經濟資料預測價格走勢。比方說，對某種貨幣做基本面分析時，重點可能擺在通貨膨脹率、利率、經濟成長率的相對狀況，以及政治因素。
- ***Futures***（期貨）：參考本書「揭開期貨神秘面紗」一節的內容。
- ***Gann analysis***（甘氏分析）：依據甘氏（William Gann）所發展的各種技術概念而做的市場分析。甘氏是廿世紀上半葉十分著名的股票和商品操作者。
- ***Gap***（缺口）：沒有任何交易發生的價格區間。比方說，如果某個市場上一次的交易高價是二十元，隔天以二十二元開盤，並節節走高，二十到二十二元間的價格區間就叫做缺口。
- ***Hedge***（避險）：用來沖銷存貨風險，或在將要買進或賣出期貨時用以沖銷相關風險的倉位（或者建立這種倉位）。避險操作的一個例子是，玉米農夫在玉米仍處於成長季節的時候，就賣出玉米期貨，交割日期則為預期的收割日。在這個例子中，賣出期貨就等於鎖住了大致上的期貨賣價，以後價格如有波動，風險就十分有限。
- ***Hedger***（避險者）：建立某個倉位以降低價格風險的市場參與者。避險者對於風險的處理方式，恰與投機客不同；投機客在建立倉位時，願意接受風險，希望從預期的價格波動中得到利潤。

- ***Implied volatility***（**隱含波動率**）：市場根據選擇權價格，計算出對未來價格波動所產生的預期。
- ***Leverage***（**融資**）：控制某種商品或金融工具的金額，高於個人所運用資金的能力。倉位的融資愈高，可能產生的利潤或損失便愈大。
- Limit position（倉位上限）：投機客可以持有倉位的最大規模（也就是合約數目）。政府對多種期貨合約，都明定上限。
- ***Limit price move***（**漲跌停板**）：對許多期貨合約，交易所都訂有一天之內價格波動的最大幅度，價格上漲到規定的最大限度時，就叫漲停板（limit-up），下跌到規定的最大限度時，就叫做跌停板（limit-down）。正常情況下，自由市場力量若把價格帶到漲跌停板限制的範圍之外，以尋找均衡價格，則市價便自然上漲或下跌到停板，而且交易幾乎停止。對上漲的市場來說，這種情況叫做鎖住漲停（locked limit-up 或 limit-bid）；至於下跌的市場，這種情況則叫做鎖住跌停（locked limit-down 或 limit-offered）。
- ***Liquidity***（**流動性**）：某個市場資金流動的程度。

- ***Liquid market***（高流動市場）：指每天成交量夠大的市場，多數規模合理的買單和賣單都能成交，同時不至於使價格發生大幅度的變動。換句話說，高流動市場讓操作者進場和退場都相當容易。
- ***Local***（自營交易者）：與場內交易者（floor trader）同義，通常是指交易所會員，操作自己的帳戶。
- ***Long***（多頭倉）：以買單建立的倉位，這種倉位在價格上漲時可以獲利。這個名詞有時也指持有這種倉位的個人或資金。
- ***Lot***（口）：期貨市場中對合約（contract）的另一種稱呼。
- ***Mark to the market***（依市價計值）：按當前結算價計算未平倉倉位的評價法。換句話說，某個倉位依市價計值時，實現和未實現的損失（或利潤）兩者間毫無差別。
- ***Mechanical system***（機械式系統）：能夠產生買進和賣出訊號的一種操作系統（通常是電腦化的系統）。機械式系統的操作者係根據系統的訊號行事，而把個人對市場的看法擺到一邊。
- ***Money management***（資金管理）：指操作時運用各種方法以控制風險。
- ***Moving average***（移動平均）：把價格平滑，以便於察覺市場趨勢的一種方法。「簡單移動平均」（simple moving average）是把最近幾個交易日的價格取其平均值。在某些簡單的趨勢追蹤系統中，依移動平均值畫出來的走勢線和價格走勢線交叉時，或兩條不同的移動平均線交叉時，被視為買進或賣出的訊號。

- ***Naked option***（**裸選擇權**）：選擇權的空頭倉，操作者並不持有標的商品或金融工具。
- ***Open interest***（**未平倉合約數**）：在期貨市場，未平倉多頭倉和未平倉空頭倉的總數永遠相等。這個總數（多頭倉或空頭倉）就叫做未平倉合約數。根據定義，某個合約剛開始交易的時候，未平倉合約數是零，而隨著到期日接近，某些倉位也會被平掉，因此未平倉合約數會慢慢增加到一個高點，再減少。
- ***Options***（**選擇權**）：參考附錄。
- ***Outright position***（**單純倉位**）：指淨多頭倉或淨空頭倉（不同於價差交易和套利交易的倉位，會用相關的工具建立反向倉位）。
- ***Overbought／oversold indicator***（**超賣／超買指標**）：一種技術指標，試圖找出價格在何時上漲（下跌）得太多、太快，因此容易往反方向回折。超賣／超買的觀念也常與反向意見併用，用以指出絕大多數的操作者在何時看漲後市或看跌後市。
- ***Pand L***（**利與損**）：利潤／損失（profit／loss）的英文縮寫。

- ***Pattern recognition***（型態辨識）：一種價格預測的方法，利用歷史圖形型態，找出目前狀況的類同之處。
- ***Pit***（交易場）：交易所營業廳內，期貨合約交易的地方。有時也叫做交易檯（ring）。
- ***Position limit***（倉位上限）：參考 limit position。
- ***Price／earnings（P／E）ratio***（本益比）：股票價格除以該公司每年盈餘的值。
- ***Put／call ratio***（賣／買權比率）：賣權的數量除以買權的數量。賣／買權比率是反向意見或超賣／超買測量值的例子。基本前提是，如果比率高（也就是賣權買進的數量多於買權買進的數量），則表示有太多的操作者看跌後市，因此這個比率就被認為後市看漲。同樣的，賣／買權比率偏低，則被視為後市看跌。
- ***Put option***（賣權）：一種合約，買方有權利（而非義務）在特定的期間內以約定的價格賣出標的金融工具或商品。
- ***Pyramiding***（加碼操作）：以現有倉位未實現的利潤作為保證金，增加倉位的規模。提高了某筆操作的融資之後，加碼操作會使獲利潛力和風險同時增加。
- ***Reaction***（回折）：朝主趨勢反方向行進的價格波動。

- ***Relative strength***（相對強勢）：在股票市場中，指某一股票相對於大盤指數的價格強勢。這個名詞也可以擴大應用，指某種超賣／超買類型的指標。
- ***Resistance***（阻力）：技術分析中，指上漲的市場在某個價格區，預期將碰到愈來愈大的賣盤壓力，而且賣壓足以阻止甚或扭轉漲勢。
- ***Retracement***（回檔）：與前一段趨勢相反的價格波動。比方說，在上漲的市場，所謂回檔百分之六十是說，前一段的漲勢中，有百分之六十的漲幅業已跌掉。
- ***Reversal day***（反轉日）：市場上漲到新高（低）點，接下來方向反轉，收盤價低（高）於一天前或幾天前的收盤價。如果當天出現巨量，而且價格波動甚大，則反轉日的意義更為重要。
- ***Ring***（交易檯）：同交易場（pit）。
- ***Risk control***（風險控制）：運用操作規則以控制風險。
- ***Risk／reward ratio***（風險／報酬比率）：某筆操作潛在損失的估計值相對於潛在獲利估計值的比率。理論上，發生獲利或損失的機率也應該納入計算，但往往只是很單純地利用獲利或損失的估計值算出比率。

- ***Scalper***（帽客）：指場內交易者，操作的是自己的戶頭，希望從很小的價格波動中賺取利潤。一般情況下，帽客會試圖在有利的買進報價賣出，在有利的賣出報價買進。這種操作方法也給市場提供了流動性。
- ***Seat***（席位）：交易所的會員資格。
- ***Sentiment indicator***（人氣指標）：衡量後市看漲和後市看跌兩者勢力消長的測量值。人氣指標用於反向意見的操作。賣／買權比率就是人氣指標的另一個例子。
- ***Short***（空頭倉）：以賣單建立的倉位，這種倉位在價格下跌時可以獲利。這個名詞有時也指持有這種倉位的個人或資金。
- ***Slippage***（滑價價差）：參考 skid。
- ***Skid***（滑價價差）：一筆操作理論上的執行價格（比方說是開盤價區的中點）和實際成交價格之間的差距。
- ***Speculator***（投機客）：在買賣金融工具或商品時，願意接受風險，並從預期的價格波動中獲利的人。
- ***Spike***（釘價）：遠高（低）於前幾天和後來幾天高（低）點的價格。釘價至少顯示曾出現短暫的買（賣）壓高潮，有時可能是個大頭部或大底部。

- ***Spread***（價差交易）：在同一市場或緊密相關的市場中，同時買進一種期貨合約（或選擇權），並賣出另一種合約（或選擇權）。買六月長期公債／賣九月長期公債、買德國馬克／賣瑞士法郎、買IBM一三〇買權／賣IBM一四〇買權，都是價差交易的例子。
- ***Stop order***（停止單）：在高於市價的價格所下的一個買單（或在低於市價的價格所下的一個賣單），一旦抵達預定的價格，便成為市價單。停止單有時用於建立新倉位，但最常見的用途是限制損失，這種情況則常稱為停損單（stop-loss orders）。
- ***Support***（支撐）：在技術分析中，指下跌的市場在某個價格區預期將碰到愈來愈大的買盤支撐，而且買盤足以阻止甚或扭轉跌勢。
- ***System***（系統）：一套明確的規則，用於產生買進和賣出訊號，供某個市場或某組市場使用。
- ***System trader***（系統操作者）：利用系統決定買進和賣出時機的操作者，而不靠個人對市場狀況的判斷。
- ***Tape reader***（價量參考者）：密切注意一連串報價以及伴隨著報價的成交量，用以研判市場下一步怎麼走的操作者。
- ***Technical analysis***（技術分析）：研究價格本身（有時也擴及成交量和未平倉合約數），而不是研究基本面（亦即經濟）市場因素的價格預測方法。技術分析常與基本分析相對稱呼。

- ***Tick***（跳動點或檔）：某個市場最低的價格波動（上或下）幅度。
- ***Trading range***（箱形交易區）：橫向的價格帶，在一段期間內，所有的價格漲跌都發生在這裡面。箱形交易區出現時，表示市場走勢漫無方向。
- ***Trend***（趨勢）：價格大致上的走向（上漲或下跌）。
- ***Trend-following system***（趨勢追蹤系統）：能在新趨勢出現時，往趨勢行進的方向發出買進或賣出訊號的系統。它所根據的假設是趨勢一旦建立，就會繼續下去。
- ***Uptick rule***（高價放空規定）：股市的規定，即只能在前一個交易價格以上的價位放空。
- ***Uptrend***（上漲趨勢）：市場的大勢是價格上漲的情況。
- ***Volatility***（波動率）：衡量某個市場價格變動程度的測量值。波動率高的市場，價格起伏很大。
- ***Volume***（成交量）：某段期間內成交的股票或合約總數。
- ***Whipsaw***（上搓下洗）：一種價格型態，其特徵是趨勢一再突然反轉。這個名詞經常用於描述升沈不定、毫無趨勢可言的市場，利用趨勢追蹤系統而發生損失的情況。在這種市場中，該系統經常會在價格反轉下跌之前發出買進訊號，而在價格反轉上漲之前發出賣出訊號。

強檔上線
全新改版
Invest your profession
歡迎大家加入IPC
即可享有會員專屬優惠
我的IPC
書城
BLOG
財金觀點
NEWS
哈燒快訊
課程
www.ipci.com.tw
即刻選購寰宇
折優惠叢書
熱門排行 MOST POPULAR ITEMS
寰宇嚴選
IPC 寰宇財金網
財金趨勢與產業動態的領航家

寰宇圖書分類

技　術　分　析

分類號	書名	書號	定價
1	波浪理論與動量分析	F003	320
2	股票K線戰法	F058	600
3	市場互動技術分析	F060	500
4	陰線陽線	F061	600
5	股票成交當量分析	F070	300
6	動能指標	F091	450
7	技術分析 & 選擇權策略	F097	380
8	史瓦格期貨技術分析(上)	F105	580
9	史瓦格期貨技術分析(下)	F106	400
10	市場韻律與時效分析	F119	480
11	完全技術分析手冊	F137	460
12	金融市場技術分析(上)	F155	420
13	金融市場技術分析(下)	F156	420
14	網路當沖交易	F160	300
15	股價型態總覽(上)	F162	500
16	股價型態總覽(下)	F163	500
17	包寧傑帶狀操作法	F179	330
18	陰陽線詳解	F187	280
19	技術分析選股絕活	F188	240
20	主控戰略K線	F190	350
21	主控戰略開盤法	F194	380
22	狙擊手操作法	F199	380
23	反向操作致富術	F204	260
24	掌握台股大趨勢	F206	300
25	主控戰略移動平均線	F207	350
26	主控戰略成交量	F213	450
27	盤勢判讀的技巧	F215	450
28	巨波投資法	F216	480
29	20招成功交易策略	F218	360
30	主控戰略即時盤態	F221	420
31	技術分析・靈活一點	F224	280
32	多空對沖交易策略	F225	450
33	線形玄機	F227	360
34	墨菲論市場互動分析	F229	460
35	主控戰略波浪理論	F233	360
36	股價趨勢技術分析—典藏版(上)	F243	600
37	股價趨勢技術分析—典藏版(下)	F244	600
38	量價進化論	F254	350
39	讓證據說話的技術分析(上)	F255	350
40	讓證據說話的技術分析(下)	F256	350
41	技術分析首部曲	F257	420
42	股票短線OX戰術(第3版)	F261	480
43	統計套利	F263	480
44	探金實戰・波浪理論(系列1)	F266	400
45	主控技術分析使用手冊	F271	500
46	費波納奇法則	F273	400
47	點睛技術分析—心法篇	F283	500
48	J線正字圖・線圖大革命	F291	450
49	強力陰陽線(完整版)	F300	650
50	買進訊號	F305	380
51	賣出訊號	F306	380
52	K線理論	F310	480
53	機械化交易新解：技術指標進化論	F313	480
54	趨勢交易	F323	420
55	艾略特波浪理論新創見	F332	420
56	量價關係操作要訣	F333	550
57	精準獲利K線戰技(第二版)	F334	550
58	短線投機養成教育	F337	550
59	XQ洩天機	F342	450
60	當沖交易大全(第二版)	F343	400
61	擊敗控盤者	F348	420
62	圖解B-Band指標	F351	480
63	多空操作秘笈	F353	460
64	主控戰略型態學	F361	480
65	買在起漲點	F362	450
66	賣在起跌點	F363	450
67	酒田戰法—圖解80招台股實證	F366	380
68	跨市交易思維—墨菲市場互動分析新論	F367	550
69	漲不停的力量—黃綠紅海撈操作法	F368	480
70	股市放空獲利術—歐尼爾教賺全圖解	F369	380
71	賣出的藝術—賣出時機與放空技巧	F373	600
72	新操作生涯不是夢	F375	600
73	新操作生涯不是夢—學習指南	F376	280
74	亞當理論	F377	250
75	趨向指標操作要訣	F379	360
76	甘氏理論(第二版)型態-價格-時間	F383	500
77	雙動能投資—高報酬低風險策略	F387	360
78	科斯托蘭尼金蛋圖	F390	320
79	與趨勢共舞	F394	600
80	技術分析精論第五版(上)	F395	560

技術分析(續)

分類號	書名	書號	定價
81	技術分析精論第五版(下)	F396	500
82	不說謊的價量	F416	420
83	K線理論2: 蝴蝶K線台股實戰法	F417	380

智慧投資

分類號	書名	書號	定價
1	股市大亨	F013	280
2	新股市大亨	F014	280
3	新金融怪傑(上)	F022	280
4	新金融怪傑(下)	F023	280
5	金融煉金術	F032	600
6	智慧型股票投資人	F046	500
7	瘋狂、恐慌與崩盤	F056	450
8	股票作手回憶錄(經典版)	F062	380
9	超級強勢股	F076	420
10	約翰・聶夫談投資	F144	400
11	與操盤贏家共舞	F174	300
12	掌握股票群眾心理	F184	350
13	掌握巴菲特選股絕技	F189	390
14	高勝算操盤(上)	F196	320
15	高勝算操盤(下)	F197	270
16	透視避險基金	F209	440
17	倪德厚夫的投機術(上)	F239	300
18	倪德厚夫的投機術(下)	F240	300
19	圖風勢—股票交易心法	F242	300
20	從躺椅上操作:交易心理學	F247	550
21	華爾街傳奇:我的生存之道	F248	280
22	金融投資理論史	F252	600
23	華爾街一九〇一	F264	300
24	費雪・布萊克回憶錄	F265	480
25	歐尼爾投資的24堂課	F268	300
26	探金實戰・李佛摩投機技巧(系列2)	F274	320
27	金融風暴求勝術	F278	400
28	交易・創造自己的聖盃(第二版)	F282	600
29	索羅斯傳奇	F290	450
30	華爾街怪傑巴魯克傳	F292	500
31	交易者的101堂心理訓練課	F294	500
32	兩岸股市大探索(上)	F301	450
33	兩岸股市大探索(下)	F302	350
34	專業投機原理 I	F303	480
35	專業投機原理 II	F304	400
36	探金實戰・李佛摩手稿解密(系列3)	F308	480
37	證券分析第六增訂版(上冊)	F316	700
38	證券分析第六增訂版(下冊)	F317	700
39	探金實戰・李佛摩資金情緒管理(系列4)	F319	350
40	探金實戰・李佛摩18堂課(系列5)	F325	250
41	交易贏家的21週全紀錄	F330	460
42	量子盤感	F339	480
43	探金實戰・作手談股市內幕(系列6)	F345	380
44	柏格頭投資指南	F346	500
45	股票作手回憶錄-註解版(上冊)	F349	600
46	股票作手回憶錄-註解版(下冊)	F350	600
47	探金實戰・作手從錯中學習	F354	380
48	趨勢誡律	F355	420
49	投資悍客	F356	400
50	王力群談股市心理學	F358	420
51	新世紀金融怪傑(上冊)	F359	450
52	新世紀金融怪傑(下冊)	F360	450
53	金融怪傑(全新修訂版)(上冊)	F371	350
54	金融怪傑(全新修訂版)(下冊)	F372	350
55	股票作手回憶錄(完整版)	F374	650
56	超越大盤的獲利公式	F380	300
57	智慧型股票投資人(全新增訂版)	F389	800
58	非常潛力股(經典新譯版)	F393	420
59	股海奇兵之散戶語錄	F398	380
60	投資進化論:揭開"投腦"不理性的真相	F400	500
61	擊敗群眾的逆向思維	F401	450
62	投資檢查表:基金經理人的選股秘訣	F407	580
63	魔球投資學(全新增訂版)	F408	500
64	操盤快思X投資慢想	F409	420

智慧投資(續)

分類號	書名	書號	定價
65	文化衝突:投資，還是投機?	F410	550
66	非理性繁榮:股市。瘋狂。警世預言家	F411	600
67	巴菲特 & 索羅斯之致勝投資習慣	F413	500
68	客戶的遊艇在哪裡?	F414	350
69	投資詐彈課:識破投資騙局的五個警訊	F418	380
70	心理學博士的深度交易課	F424	500
71	巴菲特的繼承者們	F425	650
72	為什麼總是買到賠錢股	F426	380

共同基金

分類號	書名	書號	定價
1	柏格談共同基金	F178	420
2	基金趨勢戰略	F272	300
3	定期定值投資策略	F279	350
4	理財贏家 16 問	F318	280
5	共同基金必勝法則 - 十年典藏版(上)	F326	420
6	共同基金必勝法則 - 十年典藏版(下)	F327	380

投資策略

分類號	書名	書號	定價
1	經濟指標圖解	F025	300
2	史瓦格期貨基本分析(上)	F103	480
3	史瓦格期貨基本分析(下)	F104	480
4	操作心經:全球頂尖交易員提供的操作建議	F139	360
5	攻守四大戰技	F140	360
6	股票期貨操盤技巧指南	F167	250
7	金融特殊投資策略	F177	500
8	回歸基本面	F180	450
9	華爾街財神	F181	370
10	股票成交量操作戰術	F182	420
11	股票長短線致富術	F183	350
12	交易，簡單最好!	F192	320
13	股價走勢圖精論	F198	250
14	價值投資五大關鍵	F200	360
15	計量技術操盤策略(上)	F201	300
16	計量技術操盤策略(下)	F202	270
17	震盪盤操作策略	F205	490
18	透視避險基金	F209	440
19	看準市場脈動投機術	F211	420
20	巨波投資法	F216	480
21	股海奇兵	F219	350
22	混沌操作法 II	F220	450
23	智慧型資產配置	F250	350
24	SRI 社會責任投資	F251	450
25	混沌操作法新解	F270	400
26	在家投資致富術	F289	420
27	看經濟大環境決定投資	F293	380
28	高勝算交易策略	F296	450
29	散戶升級的必修課	F297	400
30	他們如何超越歐尼爾	F329	500
31	交易，趨勢雲	F335	380
32	沒人教你的基本面投資術	F338	420
33	隨波逐流~台灣 50 平衡比例投資法	F341	380
34	李佛摩操盤術詳解	F344	400
35	用賭場思維交易就對了	F347	460
36	企業評價與選股秘訣	F352	520
37	超級績效—金融怪傑交易之道	F370	450
38	你也可以成為股市天才	F378	350
39	順勢操作—多元管理的期貨交易策略	F382	550
40	陷阱分析法	F384	480
41	全面交易—掌握當沖與波段獲利	F386	650
42	資產配置投資策略(全新增訂版)	F391	500
43	波克夏沒教你的價值投資術	F392	480
44	股市獲利倍增術(第五版)	F397	450
45	護城河投資優勢:巴菲特獲利的唯一法則	F399	320
46	賺贏大盤的動能投資法	F402	450
47	下重注的本事	F403	350
48	趨勢交易正典(全新增訂版)	F405	600
49	股市真規則	F412	580
50	投資人宣言:建構無懼風浪的終身投資計畫	F419	350
51	美股隊長操作秘笈:美股生存手冊	F420	500
52	傑西・李佛摩股市操盤術(中文新譯版)	F422	420
53	擊敗黑色星期一的投資鬼才:馬丁·茲威格操盤全攻略	F423	500
54	計量價值的勝率	F428	500

程 式 交 易

分類號	書名	書號	定價
1	高勝算操盤 (上)	F196	320
2	高勝算操盤 (下)	F197	270
3	狙擊手操作法	F199	380
4	計量技術操盤策略 (上)	F201	300
5	計量技術操盤策略 (下)	F202	270
6	《交易大師》操盤密碼	F208	380
7	TS 程式交易全攻略	F275	430
8	PowerLanguage 程式交易語法大全	F298	480
9	交易策略評估與最佳化 (第二版)	F299	500
10	全民貨幣戰爭首部曲	F307	450
11	HSP 計量操盤策略	F309	400
12	MultiCharts 快易通	F312	280
13	計量交易	F322	380
14	策略大師談程式密碼	F336	450
15	分析師關鍵報告 2—張林忠教你程式交易	F364	580
16	三週學會程式交易	F415	550

期 貨

分類號	書名	書號	定價
1	高績效期貨操作	F141	580
2	征服日經 225 期貨及選擇權	F230	450
3	期貨賽局 (上)	F231	460
4	期貨賽局 (下)	F232	520
5	雷達導航期股技術 (期貨篇)	F267	420
6	期指格鬥法	F295	350
7	分析師關鍵報告 (期貨交易篇)	F328	450
8	期貨交易策略	F381	360
9	期貨市場全書（全新增訂版）	F421	1200

選 擇 權

分類號	書名	書號	定價
1	技術分析 & 選擇權策略	F097	380
2	交易，選擇權	F210	480
3	選擇權策略王	F217	330
4	征服日經 225 期貨及選擇權	F230	450
5	活用數學 ・ 交易選擇權	F246	600
6	選擇權賣方交易總覽 (第二版)	F320	480
7	選擇權安心賺	F340	420
8	選擇權 36 計	F357	360
9	技術指標帶你進入選擇權交易	F385	500
10	台指選擇權攻略手冊	F404	380
11	選擇權價格波動率與訂價理論	F406	1080

債　券　貨　幣

分類號	書名	書號	定價
1	賺遍全球：貨幣投資全攻略	F260	300
2	外匯交易精論	F281	300
3	外匯套利 I	F311	450
4	外匯套利 II	F388	580

財　務　教　育

分類號	書名	書號	定價
1	點時成金	F237	260
2	蘇黎士投機定律	F280	250
3	投資心理學 (漫畫版)	F284	200
4	歐丹尼成長型股票投資課 (漫畫版)	F285	200
5	貴族 · 騙子 · 華爾街	F287	250
6	就是要好運	F288	350
7	財報編製與財報分析	F331	320
8	交易駭客任務	F365	600
9	舉債致富	F427	450

財　務　工　程

分類號	書名	書號	定價
1	固定收益商品	F226	850
2	信用衍生性 & 結構性商品	F234	520
3	可轉換套利交易策略	F238	520
4	我如何成為華爾街計量金融家	F259	500

國家圖書館出版品預行編目 (CIP) 資料

金融怪傑 / Jack D. Schwager 著 ; 俞濟群 譯 . -- 二版 . --
臺北市 : 寰宇 , 2015.05
冊 ; 14.8 x 21 公分 . -- (寰宇智慧投資 ; 371)
譯自 : Market wizards : interviews with top traders

ISBN 978-986-6320-80-4 (上冊 : 平裝)

1. 投資

563.5 104008306

寰宇技術分析 371

金融怪傑（上）

作　　者	Jack D. Schwager
譯　　者	俞濟群／王永健
主　　編	藍子軒
美術設計	富春全球股份有限公司
封面設計	鼎豐整合行銷
發 行 人	江聰亮
出 版 者	寰宇出版股份有限公司 臺北市仁愛路四段 109 號 13 樓 TEL: (02) 2721-8138 FAX: (02) 2711-3270 E-mail:service@ipci.com.tw http://www.ipci.com.tw 劃撥帳號　1146743-9
登 記 證	局版台省字第 3917 號
定　　價	350 元
出　　版	2015 年 5 月初版一刷 2018 年11月二版四刷

ISBN 978-986-6320-80-4 (上冊 : 平裝) 2019.01.06.

※ **本書如有缺頁、破損、裝訂錯誤，請寄回本公司更換。**